Cher oncle Georg

Mireille Horsinga-Renno

Cher oncle Georg

La bouleversante enquête d'une femme sur un médecin de la mort impuni

La Nuée Bleue

La parution de ce livre marque pour moi l'aboutissement d'une douloureuse quête dans le passé. Je tiens à remercier tous ceux qui m'ont encouragée et soutenue dans cette démarche, en particulier :

Walter Kohl, écrivain et journaliste, qui m'a fait découvrir le lourd passé du Dr Renno et qui a accompagné mes pas au cours de ma visite au château de Hartheim ;

Le personnel du bureau des archives de Hartheim pour leur accueil, en particulier Magdalena Bogner-Peherstorfer qui m'a fourni les documents, photos et renseignements qui m'étaient nécessaires pour mes recherches ;

Muriel Klein-Zolty, ma première lectrice, qui m'a aidée dans la mise en écriture initiale et qui n'a cessé de m'encourager à poursuivre mon enquête.

Je remercie tout particulièrement Michel Loetscher, écrivain et journaliste, pour son aide rédactionnelle. Grâce à son talent d'écriture et sa sensibilité, il a su trouver les mots justes, là où ma plume avait buté.

M. H.-R.

Le château de Hartheim a été transformé en lieu de mémoire
et abrite aujourd'hui un musée ouvert au public.
Lern- und Gedenkort Schloss Hartheim
Schlossstrasse 1
A-4072 Alkoven
Tél. : 0043 7274 6536 546
www.schloss-hartheim.at

Page précédente : portrait du Dr Georg Renno réalisé par le journaliste Walter Kohl, qui l'a interviewé peu de temps avant sa mort, en 1997. Droits réservés.

ISBN 2-7165-0487-3

À la mémoire des trente mille victimes
du centre d'euthanasie de Hartheim

À la mémoire de mon père

À mon fils Philippe

PREMIÈRE PARTIE

Des racines enfouies

LES CENDRES DU JOUR

De la haute cheminée du château s'échappe une épaisse fumée noire. Depuis des heures, les volutes se répandent à des kilomètres à la ronde. « L'odeur de la chair brûlée », songent les habitants du village, qui voient chaque jour ces lourdes fumées cendrées envahir leur ciel... Celui d'Alkoven, en Autriche.

Parfois, des touffes de cheveux ou de poils se mêlent au panache qui sort de la cheminée, et vont se déposer dans les champs, les prés – jusque sur les parterres de pensées jaunes et blanches et sur les iris, dans les jardins des environs. Parfois encore, l'ombre portée par le vent, mêlée aux cendres crachées par la cheminée du château, entre dans les foyers, s'infiltre dans les poumons, pénètre les consciences.

Alors, les habitants d'Alkoven, révulsés, calfeutrent hermétiquement portes et fenêtres, pour éviter que les exhalaisons morbides ne s'infiltrent dans leur paisible intérieur. Ils colmatent tous les interstices, afin que les cendres ne se déposent pas sur leurs meubles – et ils se tassent chez eux, verrouillés à triple tour derrière le fragile écran de leurs certitudes, qui partent en poussière en dépit de leurs efforts et prennent peu à peu le goût de cendres de l'irréparable.

Pour ces paisibles villageois autrichiens, les gens du château sont des fanatiques, des étrangers venus d'Allemagne, qu'il vaut mieux laisser entre eux. Si l'on veut éviter les ennuis, il faut surtout ne pas se mélanger à ces gens-là ! Les pires bruits courent sur ce qui se passe au château. Surtout, surtout préserver une zone d'innocence. Ils ont trop peur de savoir.

Chaque fois que survient un long autobus Mercedes gris, aux vitres teintées ou obstruées par des rideaux, il ne faut pas longtemps pour que la cheminée du château déverse ces épais nuages noirs, et cette pénétrante odeur de mort. Parfois, il arrive trois bus par jour. Et tous repartent vides. Comme un jour d'hiver sans âme, sans lumière ni espoir...

Ce printemps 1941, Vinzenz Nohel et Hermann Merta sont à bout de forces. Leur visage semble avoir été pilonné par tous les mauvais coups du sort, et leurs yeux ont cet éclat vitreux, au bord des larmes, qu'ont ceux des êtres que la vie n'a pas épargnés. Ces hommes à la dérive ont baissé les bras et perdu pied ; jour après jour, ils se noient dans le schnaps et le désespoir. L'avenir ne terrorise même plus le « brûleur en chef » et son acolyte – que pourrait-il leur arriver de pire que ce cauchemar qui recommence chaque matin ?

Vague après vague, les autobus n'arrêtent pas de décharger leurs cargaisons, submergeant Nohel et Merta – dans le grand Reich millénaire, brûler son prochain est devenu un métier, leur métier ! Parfois il en arrive cent cinquante d'un coup, des « malades ». La chambre à gaz n'est pas assez vaste pour recevoir tous ces corps encore animés par des pensées, habités par des projets peut-être – et à présent en proie à une peur immense et viscérale, à une débâcle sans nom... Alors, le personnel les pousse sans ménagement, afin d'y faire entrer le plus grand nombre. Et tous ces individus crient, gesticulent, se débattent, dans une dérisoire et ultime tentative pour échapper à l'inéluctable – à leur effacement froidement programmé.

Lorsque Merta ouvre la porte, il les trouve tous debout, dans un inextricable enchevêtrement de bras et de jambes, la bouche grande ouverte, les yeux exorbités tournés vers la porte ou vers le Ciel, dans une ultime et déchirante prière vers un Sauveur muet – que certains, jusqu'à l'instant ultime, s'obstinent à implorer...

Nohel met le ventilateur en marche. Avant la guerre, il gagnait juste de quoi faire vivoter sa famille. Son frère, Brigadeführer dans la SA, lui a permis d'obtenir ce travail. Il est arrivé au château il y a un an, le 2 avril 1940. Maintenant, nourri et logé, il touche cent soixante-dix marks par mois – plus une indemnité mensuelle de trente-cinq marks pour service au four crématoire.

Lorsqu'il revient arrêter la ventilation, une heure plus tard, les corps sont toujours debout, écrasés les uns contre les autres. Il les tire hors de la chambre à gaz pour les déposer dans la chambre funéraire. Les brûleurs peinent à suivre le rythme du ballet des autobus et des gazages. Or, on ne peut brûler que huit corps à la fois. Dès lors, impossible d'attendre que tout soit achevé : dès que les chairs sont consumées, ils enchaînent avec les huit corps suivants.

Le lendemain, lorsque Nohel et Merta reprennent leur service, le four n'est pas encore éteint. Il règne une puanteur encore plus insoutenable que d'habitude : les corps restés dans le dépôt mortuaire commencent à se décomposer, et ceux dans le four ne sont pas complètement calcinés. Il y a bien longtemps que le quart de litre de schnaps quotidien alloué aux brûleurs ne suffit plus pour effacer de leur mémoire l'horreur de telles journées.

Au village comme au château, l'odeur du crime empuantit l'atmosphère et empoisonne les esprits.

L'arbre et ses racines

Enfant, je détestais les dimanches. Il ne s'y passait jamais rien, dans la maison familiale. On ne sortait pas, tout était bien propre et rangé, chaque chose devait rester à sa place. Il ne fallait surtout pas déranger cette morne quiétude. « Au cas où quelqu'un viendrait nous rendre visite », disaient mes parents... Évidemment, personne ne venait jamais. Pour partager quoi ? Mon père cuvait son vin de table, ma mère se naufrageait dans ses romans à l'eau de rose (*Heimatromane*), et mon grand-père tirait sur sa sempiternelle pipe dont le tabac gris empestait toute la maison. Je passais donc mes dimanches à lire la comtesse de Ségur, à vibrer aux aventures de Heidi, l'héroïne des alpages suisses bien connue en ce temps-là, ou à me plonger dans les histoires du Club des Cinq éditées par la Bibliothèque rose.

Ou alors j'écoutais de la musique viennoise – avec une prédilection pour *Le Beau Danube bleu* ou *La Valse de l'empereur* de Strauss – ou *Tristesse* de Chopin. Je rêvais alors de devenir pianiste, et je m'efforçais de mettre de la musique dans ma vie, histoire de la faire danser... Dans ma tête, je créais des ballets, j'inventais avec ma sœur Dominique d'audacieuses chorégraphies à partir des *Danses hongroises* de Liszt ou des musiques de Brahms.

L'été, je me mettais sous le cerisier. L'hiver, je m'asseyais près de la fenêtre de ma chambre, qui donnait sur le potager, et j'imaginais ma vie à venir. Je faisais des vœux, des projets de petite fille des années 1950. En ces années que je ne savais pas encore glorieuses, je rêvais de voyages dans des îles lointaines et de pays lointains éclaboussés de soleil. Jamais je n'étais partie en vacances avec mes parents.

Toutefois, l'année de mes six ans, ils m'envoyèrent en colonie de vacances dans le Jura. Cette année-là, celle de la mort de Staline, mon père tomba gravement malade – une tuberculose pulmonaire, à ce qu'on disait. Je fis moi-même une primo-infection tuberculeuse, qui me valut trois semaines de cure et de cauchemar à Lons-le-Saunier, puis trois semaines non moins éprouvantes à Saint-Claude. Tous mes petits camarades étaient ravis de ces vacances. Moi, j'étais désespérée. Je n'avais jamais quitté la maison et les miens me manquaient, surtout mon père, que j'avais si peur de perdre...

Je passais mes journées et mes nuits à pleurer. Je ne mangeais presque rien – j'allais même jusqu'à dissimuler de la nourriture derrière l'angelot de pierre à la sortie du réfectoire, ce qui me valut les réprimandes des religieuses qui s'occupaient des petits pensionnaires. Durant ces six semaines, je surveillais continuellement la route où, pensais-je, mon grand-père devait passer en camion pour livrer des biscuits à Saint-Claude, conformément à ce qu'il m'avait promis. Mais personne ne vint me visiter, en cet été 1953.

Ce fut un grand bonheur pour moi de prendre le train du retour. Je retrouvai mon cadre familier, toutes ces choses et tous ces êtres à l'immuable présence si rassurante pour la petite fille que j'étais. Le soir, j'enlevai avec soulagement ma robe du dimanche en me réjouissant de reprendre dès le lendemain matin le cours de ma vie, de pouvoir enfin me couler dans mes vêtements de tous les jours sans redouter de me salir. Pourtant, je n'étais pas vraiment malheureuse. Simplement, je m'ennuyais souvent et je rêvais beaucoup. Je m'impatientais de grandir.

C'est bien des années plus tard, après avoir enfin atteint l'âge adulte, que je découvris un jour la liste. Aujourd'hui encore, je me souviens parfaitement de cette petite table en merisier, avec ses deux tiroirs emplis de vieux papiers, de médaillons et de photos... Au fond du premier tiroir de ce vieux meuble de famille, je dénichai une feuille jaunie, arrachée d'un cahier. Des noms y avaient été griffonnés à la hâte : ceux d'hypothétiques ancêtres, dont l'existence m'était jusqu'alors totalement inconnue. Ce petit bout de papier menaçant de tomber en poussière s'avéra le friable point de départ d'une étrange aventure, qui devait me faire vivre des moments merveilleux. Et basculer dans l'horreur...

Tout avait donc commencé chez mes parents, avec cette ébauche dérisoire de notre arbre généalogique, et ces noms surgis du néant. Qui n'a pas envie de connaître ses racines ? De refaire cet itinéraire initiatique, du fruit mûr qu'il est devenu vers ses racines mythiques ? Depuis cette découverte, qui résonnait en moi comme un appel, je n'eus de cesse de retrouver cet arbre et de le compléter !

Je souhaitais dépasser ce brouillard d'ennui ouaté qui nimbait mes souvenirs d'enfance pour retrouver un lien plus essentiel avec ceux qui étaient venus avant moi, car j'avais désormais après moi quelqu'un à qui le transmettre. Mon intention était d'écrire cette histoire pour mon fils, Philippe. Il est ma réussite. Notre réussite. Celle qui nous survivra. Le fil de la vie qui se perpétue... Pilote de ligne, il a pris son envol et mène aujourd'hui sa vie comme il l'entend. Oui, ce livre, je le voulais pour lui – et pour ses enfants, le jour où il en aura.

Je me suis donc lancée dans cette quête, qui me réservait bien des surprises – sinon des plus agréables, du moins certainement des plus incroyables. « Mais c'est un roman qu'il te faut écrire ! » me disait-on de toutes parts. Ou alors : « C'est presque un film, prêt à être tourné ! Ce n'est pas juste une histoire qui appartient à ta famille, mais quelque chose qui concerne la mémoire du monde ! » Or, je ne me sentais pas faite pour cette aventure-là. Nous vivons en état d'anesthésie dans un monde amnésique. Et moi, simple ménagère de cinquante ans, je croyais n'avoir aucun rôle particulier à jouer dans la mémoire de ce monde supposé civilisé. Je n'étais pas de taille. Je ne me sentais ni responsable de ce qui s'était produit, ni comptable de sa transmission.

Le pire est toujours certain

Les gens heureux n'ont pas d'histoire, à ce qu'on dit.

Un jour, j'ai voulu retrouver quelques bribes de la mienne. Histoire de m'y sentir un peu plus chez moi. Un peu davantage moi, peut-être. Mon nom de jeune fille est Renno. Parce qu'il a une belle sonorité chantante et ensoleillée, j'aimais à croire que j'avais des racines méditerranéennes. Je m'imaginais que ces racines-là remontaient au berceau de notre civilisation – celle que le monde nous envie.

Mais je suis née en Alsace, ce bout de paradis assoupi, bien plus au nord – celui qu'on manque parfois de perdre, comme la boussole perd le nord magnétique. Mon père présentait le parfait type méditerranéen : petit, l'œil et le cheveu sombres, tout en muscles. Tout le monde le considérait comme un « Français du Sud ». Pourtant, nous ne parlions qu'alsacien à la maison.

Il y avait là un mystère que je voulais éclaircir. J'avais entendu parler d'un village corse nommé Renno. J'écrivis à cette municipalité de l'Île de

Beauté. En vain. Mais les archives départementales de Corse-du-Sud, que j'avais aussi contactées, me mirent sur une piste toscane. Qu'importe : j'avais tout mon temps. Pour savoir. Un jour...

J'avais vingt-cinq ans, je venais de me marier et d'avoir un enfant, j'étais heureuse de vivre, et d'acquiescer à cette existence de plénitude et d'harmonie familiale qui s'ouvrait à l'horizon dc nos jeunes années. Je ne pensais alors recueillir, dans le livre de notre vie, que les lumineux chapitres d'une belle histoire – heureuse, forcément heureuse ! Et je me lançai donc, le cœur léger, dans des recherches généalogiques que je pressentais passionnantes. Je voulais juste connaître mes racines. Découvrir ma place sur une des branches de l'arbre des Renno.

Toujours, je butais sur la même observation obsédante et sibylline : « Vous aurez certainement, durant vos recherches, des surprises, bonnes ou mauvaises, sur certains membres de votre famille ! » Mais je pensais que *ccla* ne risquait pas dc m'arriver. Pas moi, pas nous ; pas de cadavre ou d'assassin dans le placard ! Dans ma famille, il y avait bien eu des tragédies, majeures ou minuscules, et beaucoup de refoulé. Mais si les générations précédentes avaient compté un prix Nobel ou un criminel, cela se serait déjà su ! Je ne craignais rien. Et j'ai hérité de valeurs dont je n'ai pas à rougir. Chez nous, la vie s'était toujours écoulée calmement ; tout était si lisse ! Les gens étaient simples, travailleurs, sans aucune ambition autre que celle de vivre honnêtement.

Certes, il y eut quelques amours clandestines et illégitimes. Et des histoires de familles recomposées

– en ce temps-là, on n'en parlait pas. Mais qui peut condamner quelques égarements dans une existence d'une telle platitude ? De ce côté-là, j'étais bien tranquille : il leur suffisait, aux membres de ma famille, d'avoir un travail, un toit et quelque chose dans l'assiette. De quoi faire bouillir la marmite, c'était déjà beaucoup. Nous n'avions ni voiture ni vacances, et rien à nous raconter. Ce n'était pas compliqué : chez nous, il ne se passait rien – et, en apparence, il ne s'était jamais rien passé.

Mais on ne connaît jamais vraiment les gens – ni les siens, en particulier. Il arrive qu'on ne sache plus vraiment comment on s'est retrouvé là. Malgré toutes mes certitudes tranquilles, *cela* m'arriva bel et bien. Tout à coup, je ne fus plus cette élève insouciante et studieuse au Collège moderne de jeunes filles de Strasbourg : j'avais entrevu l'innommable chez nous, au sein de notre famille. Que s'était-il donc passé ? Je sentis ma vie basculer...

L'histoire de ma famille venait d'entrer en collision avec le chapitre le plus tragique de celle du XXe siècle. J'étais soudain confrontée à la face d'inhumanité de ceux que l'on croit connaître. Nous avons appartenu au siècle qui a engendré Auschwitz, Mauthausen, Natzwiller, Hiroshima – que sais-je encore ? Et j'appartiens à la famille qui a engendré le « bon Dr Renno ». À chacun son Mengele...

Le soixantième anniversaire de la libération d'Auschwitz a donné lieu à la parution et à la diffusion de nombreux documents sur la déportation des Juifs pendant la Seconde Guerre mondiale. Mais il y a eu un *avant*. Un commencement à l'horreur. À Hartheim, en Autriche. Le pays où naquit, le 20 avril 1889, celui qui devait concevoir la plus terrifiante machine de mort des Temps modernes. Celui que le monde entier connaît sous le nom d'Adolf Hitler – cet Autrichien qui utilisa les Allemands, qu'il n'aimait guère, pour précipiter le monde dans l'abîme.

Désormais, je sais ce que jamais je n'aurais dû savoir et, à mon tour, je me dois de le faire savoir, en mémoire de tous ceux qui ont souffert le martyre dans cet univers d'horreur et qui y ont laissé ce qu'ils avaient de plus intimement humain : leur peau. Je me dois d'en transmettre le peu que j'en ai découvert. Avec l'espoir ténu que plus jamais nous ne nous laissions aller à suivre une pente qui, hélas ! semble si naturelle.

Tétanisée, j'ai peu à peu compris que je ne pouvais pas me contenter d'un rôle de spectatrice passive face à la révélation de cette horreur : il fallait que je tente de comprendre. Que je m'y confronte, en vérité. Que je secoue mon hébétude pour reconstituer de l'intérieur ce sur quoi un coin du voile s'était levé. Comment vivaient ceux qui prirent part à l'innommable ? Qu'éprouvaient-ils ? Que se disaient-ils ? C'est pourquoi je ne me suis pas seulement plongée dans ces années 1940. J'ai pour ainsi dire tenté de les revivre et de les faire revivre, dans les pas d'un des protagonistes de cette tragédie. Avec ses mots, ses souvenirs – et mon imagination pour combler le vide entre les pièces du puzzle. C'est le pari que j'ai tenté dans ce livre.

À quoi servirait ce «devoir de mémoire» tant invoqué s'il ne s'accompagnait de cette conscience aiguë et prophylactique, capable désormais d'affronter tout – et même le pire? Surtout le pire... Comme tout le monde, je connais le dicton: «Le pire est toujours certain.» Désormais, j'en mesure dans chaque fibre de mon être la corrosive véracité. Sans m'y résigner pour autant. Et sans davantage m'illusionner: si demain tout *cela* recommençait, comme en l'an 40 du siècle dernier?

UN SI JOLI PRINTEMPS 1940

– Je n'ai pas étudié la médecine pour ouvrir et fermer un robinet de gaz, maugrée le Dr Georg Renno, en réponse au Dr Werner Heyde, l'un des médecins experts de l'organisation T4, qui vient de lui expliquer :

– Nous avons besoin d'un médecin spécialiste en psychiatrie sur place, pour infirmer ou confirmer les décisions de la commission médicale. Vous n'aurez qu'à examiner les malades sélectionnés pour Hartheim.

À trente-trois ans, Renno est un esthète contrarié, un mélomane averti – mais c'est un homme qui ne sait pas dire non au Führer. Heinrich Himmler, le maître de la SS, n'a-t-il pas déclaré : « Le médecin SS est d'abord un soldat avant d'être un médecin » ? Renno tient à son prestige, à ses prérogatives professionnelles... et à ses principes ! Il voue une confiance sans bornes à l'État national-socialiste : l'euthanasie est un bienfait tant pour les malades, dont les souffrances peuvent être abrégées, que pour le

Reich, qui peut faire ainsi l'économie de leur entretien.

Son itinéraire est celui d'un jeune cadre parfaitement formé à l'obéissance. Comment est-il devenu ce petit soldat fonctionnaire d'un État totalitaire? En 1918, l'Alsace, sa terre natale, est redevenue française. On ne veut plus des «Boches» en terre reconquise: à douze ans, le petit Georg suit sa famille dans le Palatinat. En 1926, il passe son bac à Ludwigshafen et commence des études de médecine. En cette terrible année 1933, il est reçu docteur en médecine.

Il prend son premier poste à Scheidegg. Puis il est nommé à Leipzig-Dösen. Là, il fréquente des personnalités en vue. Sa famille se lie d'amitié avec celle de Wilhelm Renner, le directeur de l'usine d'armement Hapag. Les Renner ont une fille, Hannelore. Elle a quatre ans de plus que l'aînée des Renno. Les deux fillettes jouent souvent ensemble. Bien des années plus tard, Hannelore deviendra l'épouse de Helmut Kohl, le futur chancelier de la République fédérale d'Allemagne.

Le 1er août 1930, Georg Renno adhère au Parti – numéro de carte: 288710... Depuis 1931, il est membre de la Musique militaire SS. Il joue de la flûte traversière à la perfection, et ne se lasse pas d'affirmer qu'il aurait pu faire une belle carrière de virtuose, mise entre parenthèses avec son adhésion à la Musique de la SS de Ludwigshafen, sous le numéro 12526.

Les débuts professionnels du Dr Georg Renno coïncident avec l'avènement du IIIe Reich, ce régime que l'on dit installé pour un millénaire. Il a toujours été consciencieux et respectueux des consignes, des directives et des instructions venues d'en haut. Il se prépare à faire du bon travail au service de ses nouveaux maîtres. Il va servir ceux d'en haut de façon exemplaire – mieux : il va être l'un des leurs... Le jeune médecin tient tellement aux avantages et aux privilèges d'une position officielle confortable !

Le Dr Georg Renno, jeune et brillant médecin nazi, lors de son entrée en fonction à Hartheim.

Quand il arrive à Hartheim, le 6 mai 1940, le printemps exulte sur ces superbes paysages autrichiens baignés par une douce lumière. Tout ici semble à portée de main... C'est la première fois, en six années de mariage, qu'il quitte sa femme Margarete et leurs deux fillettes, pour des raisons professionnelles. Mais on ne désobéit pas au Führer... Lui seul sait ce qui est bon pour les uns et pour les autres – et pour l'Allemagne.

– *Passen Sie auf, dass nichts passiert!* (« Assurez-vous qu'il ne se passe rien ! »), lui a enjoint son supérieur à la clinique de Leipzig, le

Dr Hermann Paul Nitsche – qui est aussi expert médical en chef du programme d'euthanasie.

– Soyez tranquille, j'ai toujours fait en sorte que tout se passe bien, a répondu Renno, qui ne sait que trop tout ce qu'il doit à Nitsche.

À partir de maintenant, Georg Renno se sait coopté parmi les élites du Grand Reich, élu parmi les élus. À présent, il mesure tout le chemin parcouru : né à Strasbourg, ayant vécu toute son enfance avec ses parents à Cronenbourg, dans les faubourgs verts de cette ville, il a déjà eu l'occasion d'éprouver son autorité sur les hommes. Mais désormais, le voici admis au cœur du pouvoir.

Au commencement était la famille

Janvier 1933. À quinze ans, mon père, Édouard Renno, monte tout seul au Champ-du-Feu, au-dessus de la petite ville de Rothau. Il porte sa première paire de skis et gravit allègrement la pente, sans se douter que, à quelques kilomètres de l'endroit où il aime skier, il y aura bientôt un lieu tristement célèbre : le camp du Struthof ! Comme son père à lui, mon grand-père Louis (1890-1971), moniteur de gymnastique à la société Alsatia, c'est un grand sportif. Père et fils communient dans l'effort sportif au sein de la même société et partagent les mêmes joies simples de l'existence.

Au moment où, dans les Vosges, un adolescent de quinze ans essaie sa première paire de skis, à Berlin, le vieux maréchal-président Hindenburg nomme à la Chancellerie un agitateur nationaliste nommé Adolf Hitler.

Quatre ans plus tard, le 10 octobre 1937, mon père s'engage au 24e bataillon de chasseurs alpins, à Villefranche-sur-Mer (Alpes-Maritimes). Par amour pour la montagne. Il a dix-neuf ans et, dans cet avant-guerre si peu insouciant, traversé par les premiers bruits de bottes sur le Vieux Continent, il s'adonne à corps perdu aux joies saines de l'altitude.

Le 1er septembre 1939, Hitler envahit la Pologne. Le destin de la planète et de ma famille bascule. Mais ni l'une ni l'autre ne le savent encore. Édouard est démobilisé le 23 octobre 1940. Quelques mois plus tôt, la France a été vaincue et l'Alsace et la Moselle annexées de fait au Reich. Coupés du reste du pays, les trois départements de l'Est deviennent allemands. Édouard travaille comme employé de bureau dans une entreprise de transports. Mais le Reich a besoin de chair à canon pour sa politique d'expansion continue. Le 25 août 1942 paraît le décret instituant l'incorporation des Alsaciens et Mosellans dans l'armée allemande. Cent trente mille jeunes gens sont contraints d'endosser l'uniforme de leur vainqueur et occupant. Mon père est de ceux-là.

Le 18 avril 1943, il est incorporé de force dans la Wehrmacht et envoyé sur le front russe. Sur ces cent trente mille « Malgré-Nous » alsaciens et lorrains enrôlés dans cette armée forte de quinze millions de soldats, près de quarante mille mourront sur le front russe.

Mon père, lui, en est revenu. Blessé par un éclat d'obus, à ce qu'il nous dit. Comment ne pas le croire ? À la guerre, il a vu ses camarades tomber tout autour de lui. Il a vu à ses côtés cet ami blessé à la tête, qui perdit la vue. Lui perdit, pour un temps, l'usage de son bras gauche. Le 6 décembre 1943, sa blessure lui vaut d'être rapatrié à Oberwiesenthal, puis à Lingen.

Le 16 avril 1945, il est fait prisonnier par les forces américaines à Letmathe. En ce printemps 1945, l'existence des camps de concentration du IIIe Reich est révélée au grand jour. Mon père est libéré le 27 juin 1945. Rendu à la vie civile, il reprend ses activités de bureau dans les entreprises de transport.

Après son certificat d'études, ma mère, Marie-Louise, entre comme apprentie dans l'entreprise de transports Heppner. C'est là qu'elle rencontre mon père. Ils se marient le 25 avril 1946. Et puis je suis née. Pupille de la nation, puisque enfant d'invalide de guerre « née avant le 27 mars 1947 » d'une histoire de transports ! Ma sœur Dominique me suit, le 16 août 1951.

De mes années de prime jeunesse dans notre maison, à l'orée de la forêt du Neuhof, aux portes de Strasbourg, je garde des souvenirs empreints d'une paix doucereuse. Mon enfance fut embellie par ma grand-mère Louise, née Heitz. Cette belle femme menue était si élégante dans ses chemisiers à jabot, et si douce ! C'est elle qui mettait de l'harmonie et de la plénitude dans la monotonie de ma vie. J'ai le souvenir de la douce fragrance chyprée de son eau de toilette, qui laissait derrière elle un sillage de grâce. Elle avait travaillé comme contremaître à la Biscuiterie du Neuhof, ce qui, à l'époque, était pour le moins étonnant – elle avait coutume de préciser qu'elle était « contremaîtresse »... Elle se faisait faire des boucles au fer à friser, se mettait du rose sur les joues chaque fois qu'elle partait en ville.

Chaque jeudi, ma grand-mère m'emmenait au cinéma Ritz voir des *Heimatfilme* et les premiers *Sissi* avec la jeune Romy Schneider, alors adolescente, qui faisait ses débuts au cinéma sur les traces de sa mère, Magda. Elle m'a aussi fait aimer l'opéra, où elle m'emmenait voir les contes de Noël. Ainsi, je me rappelle *Der Zauberring*, et certaines opérettes comme *Le Pays du sourire* et *L'Auberge du Cheval blanc*. Après le spectacle, elle avait ses habitudes à la pâtisserie Schwartzmann, en face des grandes arcades, où elle prenait un grand café au lait. Je goûtais d'un chocolat onctueux et me délectais de gâteaux dégoulinants de crème chantilly. Ensuite, nous nous rendions place Gutenberg, où je me plaisais à nourrir les pigeons en attendant le tramway.

Mamie avait de grandes ambitions pour moi : elle voulait que je fasse l'école des petits rats de l'Opéra. Elle m'inscrivit même à une audition. Mais ma mère s'y opposa. Mamie nous quitta en février 1959. C'était l'hiver de ma douzième année, et le général de Gaulle, un homme que l'on croyait déjà d'un autre temps, était revenu aux affaires.

Souvent, je remarquais que Mamie n'était pas en forme.

– Pourquoi tu ne veux plus jouer avec moi aujourd'hui ? Tu n'es pas bien aujourd'hui, Mamie ? lui demandais-je.

– Oh, je suis juste un peu fatiguée, me répondait-elle.

En fait, Mamie souffrait en silence d'un cancer du côlon.

Un nom à faire vivre

J'ai connu mon futur mari au berceau. Sa mère et la mienne travaillaient ensemble dans le bureau de recrutement de l'armée qui se trouvait alors rue Lauth, dans le quartier du Wacken. Déjà, nous nous étions *reconnus* puis perdus de vue – à chacun ses études et son itinéraire... Bernard s'en alla passer son bac puis décrocher le concours de contrôleur des PTT, tandis que je m'inscrivais dans une école privée de secrétariat et passais un examen privé d'allemand de la chambre de commerce de Lahr.

Le 1er septembre 1966, à dix-neuf ans, je quittai l'Alsace pour rejoindre, à Cologne, les services de l'expansion économique à l'ambassade de France. J'avais grandi avec la langue de Goethe dans les oreilles et j'étais irrésistiblement aimantée vers sa patrie. Je travaillais notamment avec Gunther Fuchs, pour qui je traduisais des renseignements de notoriété des entreprises. Durant la guerre, M. Fuchs avait contribué à passer des informations vitales aux troupes françaises. De ce fait, il subissait l'hostilité de Mme Piri, notre aristocratique standardiste de nationalité turque, qui estimait qu'un Allemand en temps de guerre n'avait pas à travailler contre sa propre patrie...

À Cologne, où je tenais, à l'occasion des foires et des salons, le bureau d'informations commerciales de la France, j'ai été témoin de certains événements de ce temps. J'y ai vu le général de Gaulle aux obsèques de l'ancien chancelier Adenauer, au printemps 1967. Mais j'ai aussi gardé la mémoire d'autres souvenirs plus légers, comme cette réception donnée à l'occasion de la Semaine du film français, en présence de l'ambassadeur de France, François Seydoux de Clausonne, avec la projection du film de Claude Lelouch, *Un homme et une femme*, qui avait remporté la Palme d'or au Festival de Cannes. Il y avait là le ministre-président du Land de Rhénanie-du-Nord – Westphalie, ainsi que des acteurs célèbres comme Jean-Louis Trintignant, Daniel Gélin, Marie Dubois, etc. Pour cette occasion, je m'étais autorisé une première folie vestimentaire : une magnifique robe de cocktail en crêpe bleu ciel avec col en paillettes argentées. Je vivais un rêve, ma première sortie dans le beau monde. C'était le 4 novembre 1966.

En juillet 1967, nos familles passèrent des vacances communes en Normandie – et je retrouvai mon amoureux à Cabourg. De retour en Alsace, ma mère, avec son sens pratique de bon aloi, dit à Bernard, rentré avec nous alors que ses parents prolongeaient leurs vacances à Cabourg :

– Plutôt que de manger seul, viens donc manger chez nous !

C'est ainsi que notre vieille amitié chavira vers d'autres sentiments, qui durent toujours. Nous nous sommes mariés le 25 octobre 1969 à Strasbourg. Le général de Gaulle avait fait son temps. Cette année-là, l'homme venait de mettre, pour la première fois, le pied sur la Lune. Déjà, il voyait plus loin encore que notre système solaire. Le siècle nous appartenait. Nous aussi, nous commencions à voir loin.

C'est peu après notre mariage que je pris conscience de cette évidence: le patronyme des Renno allait disparaître. Alors germa en moi le désir irrépressible de savoir. Je me décidai à entreprendre des études généalogiques. Je voulais retrouver mes racines afin de les transmettre, un jour, à mes enfants. C'est ce que je me dis quand un fils, Philippe, nous vint, le 23 février 1972.

LA VIE DE CHÂTEAU

Le centre d'extermination de Hartheim, dirigé par le Dr Rudolf Lonauer, s'appelle officiellement l'Institut d'euthanasie C. Les hospices d'Autriche, d'une partie de la Saxe, d'Allemagne du Sud et plus tard de Serbie et de Bohême-Moravie se trouvent dans le rayon d'action du château. Au sud-ouest de Linz se trouve une annexe de Hartheim, l'établissement de Niedernhart, qui était à l'origine une clinique psychiatrique.

Durant la Première Guerre mondiale, déjà, le directeur de Niedernhart, le neurologue Julius Wagner von Jauregg, appliquait aux soldats qui revenaient du front avec des troubles psychiques des méthodes de « soins » d'une cruauté éprouvée. Sa thérapie de prédilection était l'électrochoc. Nombre de patients y succombèrent. Jauregg fut traduit en justice après la guerre, mais échappa à toute sanction grâce à l'intervention d'éminentes personnalités.

Lorsque Niedernhart se transforme en succursale de Hartheim et lieu de transit des malades, le

Dr Lonauer remet au goût du jour les méthodes de Jauregg. Il élimine de nombreux malades par injection, électrochoc, empoisonnement – ou en les laissant mourir de faim.

Au commencement était une tour dressée au sud du Danube. Le lieu s'appelait Heim am Hart (*Hart* signifie « forêt »)... En 1898, un centre pour enfants handicapés physiques et mentaux, dirigé par les sœurs de l'ordre de saint Vincent de Paul, y est installé.

En 1938, après l'Anschluss, l'association est expropriée et de mystérieux travaux commencent. Ils sont exécutés par le maçon Erwin Lambert, un travailleur discret et efficace qui a déjà œuvré dans des centres d'euthanasie du Reich. Il s'occupe de tout, sauf du four crématoire, qui est installé par la société Kori de Berlin.

La rénovation du château de Hartheim est achevée à la mi-mai 1940. Une chambre à gaz et un four crématoire sont installés, et prêts à fonctionner. Le château a achevé sa métamorphose ; il est devenu un centre d'euthanasie. Ce printemps-là, les premiers groupes de malades vont y être gazés.

À l'arrivée de Renno, le Dr Rudolf Lonauer l'accueille fort jovialement. D'emblée, les deux jeunes médecins sympathisent : ils ont le même âge (Lonauer est né le 9 janvier 1907 et Renno le 13), la même prestance – et pas un gramme de graisse inutile sur l'estomac ! Ils sont de la « race des seigneurs » et partagent les mêmes ambitions dévorantes, la même idéologie dévastatrice. Tous deux adhèrent au principe de l'administration de la « mort par pitié ».

Lonauer aussi a accepté de s'éloigner de son foyer pour servir le Reich. Comme Renno, il est membre des SS – en septembre 1938, il a même atteint le grade de Hauptsturmführer (capitaine). Ils deviennent vite amis.

Renno emménage au château en juin. Lonauer lui donne une coquette chambre au premier étage de la tour située à droite de l'entrée principale. Puis il lui explique sa mission :

– Tu accueilles et tu sélectionnes les malades. Et puis tu ouvres le robinet...

– Quel robinet ?

– Celui de la chambre à gaz.

– Mais j'ai étudié la médecine, pas la plomberie-zinguerie !

– Justement ! Le robinet de gaz doit être manipulé exclusivement par un médecin, pas par un plombier. Compris ? À partir de maintenant, tu es mon bras droit ! En mon absence, c'est toi qui dirigeras le château ! Ne nous chargeons pas nous-mêmes d'un poids inutile. La force du soldat allemand, c'est la discipline. Et la discipline simplifie la vie. Elle est notre état le plus civilisé... Ne sommes-nous pas des médecins-soldats engagés dans un combat civilisateur ?

Au début, Georg Renno n'est pas débordé de travail. On lui laisse le temps de s'installer, de trouver ses repères. Sa femme est médecin d'entreprise chez Semperit à Baden, près de Vienne.

Elle l'a prévenu :

– J'ai des journées de travail bien trop longues, et si peu de temps disponible. Je ne pourrai pas venir souvent te rendre visite au château avec nos chers trésors. Enfin, je ferai de mon mieux, je te le promets... Je ne veux pas te priver de tes enfants !

Georg Renno est déjà le père comblé de deux fillettes, âgées de un et trois ans. Et Margarete est enceinte de leur troisième enfant. C'est pour bientôt.

– Je suis assigné au château par ordre du Führer et au service du Reich. C'est une position que beaucoup nous envient... Fais un effort : une visite par mois avec nos trésors, serait-ce au-dessus de tes forces ?

Au fond, le jeune médecin ne regrette pas d'être rendu ainsi à une vie de célibataire insouciant, ouvert à toutes les opportunités. La vie de château commence pour lui ! Il va en profiter pour visiter la région : le printemps en haute Autriche est si grisant... Et puis, il est pressé de faire la connaissance des sommités nazies de Linz, à une demi-heure du château.

Au fil des semaines, il prend contact avec les familles d'Alkoven, le village voisin, qui ont déjà adhéré à la cause nazie. Le Parti est une grande famille ! Et cette famille d'exception permet d'être bien reçu partout sur le territoire du Reich. De surcroît, il y a au château un personnel féminin plutôt avenant. L'environnement est particulièrement agréable – il y a pire comme conditions de travail !

Le 6 juin 1940, les exterminations massives sont déclenchées à Hartheim.

Onkel Georg

Mes recherches n'avançaient pas vite. Chaque fois que j'en avais l'occasion, je questionnais les membres de ma famille. Chacun avait en mémoire une anecdote, un personnage. Je me souvins qu'un jour quelqu'un avait évoqué devant moi un lointain cousin de mon grand-père. Il s'appelait Georg Renno. Mais personne n'avait plus de nouvelles de lui – et personne ne semblait désireux d'en avoir.

– Il était pour le régime de Hitler ! disaient-ils.

– D'ailleurs, dès 1919, il a dû quitter l'Alsace avec ses parents parce qu'ils étaient de « bons Allemands ».

Comme beaucoup d'Alsaciens d'origine allemande, Georg et sa famille avaient été expulsés après la Grande Guerre. Personne ne savait ce qu'il était advenu de lui. On croyait savoir qu'il était médecin et qu'il n'avait plus le droit d'exercer. Peut-être avait-il commis une erreur médicale, ou quelque chose de ce genre...

Depuis l'âge de dix ans, j'étais en relation épistolaire avec un cousin de mon père, Alfred Kamm, dit

Schängel (« Petit Jean »). Il habitait à Forchheim, en Allemagne, non loin de Nuremberg. Je correspondais régulièrement avec lui pour parfaire mon allemand. Mon père et lui se portaient une estime mutuelle. Dans leur jeunesse, ils avaient été comme deux frères. Ils passaient leurs vacances ensemble à Bad Bergzabern, dans le Palatinat, où résidaient Schängel et sa famille.

Un jour de juin 1980, je lui demandai des renseignements pour la reconstitution de mon arbre généalogique. Pour la première fois, il évoqua lui aussi dans ses réponses l'existence de ce fameux cousin de mon grand-père.

– Il pourra certainement t'aider dans tes recherches... m'assura-t-il d'un ton sibyllin.

Ce cousin providentiel habitait Bockenheim, une petite ville sur la route du vin, dans le Palatinat.

Le jour même, j'envoyai une lettre à ce lointain cousin. Respectueusement, je l'appelai « Monsieur ». Je ne pouvais savoir comment il accueillerait ma requête, et je ne voulais pas déranger la vie d'un vieil homme perdu dans ses souvenirs...

Quelques jours après, j'avais en main une enveloppe en provenance de Bockenheim. Sa réponse avait été rapide. Et largement au-delà de mes espérances. Dans l'enveloppe, une lettre enthousiaste, chaleureuse... D'emblée, il me demanda de ne plus l'appeler « Monsieur », mais simplement *Onkel* Georg (« oncle Georg »), et il m'exprima sa joie de renouer avec un descendant de son oncle Jakob, mon arrière-grand-père !

T4, OU LE MEURTRE DE MASSE

Au printemps 1941, Viktor Brack, le chef du bureau principal du Führer à la Chancellerie, vient au château. C'est un homme maigre et sec, dont le regard inquisiteur et le visage fureteur, en lame de couteau, glacent ses interlocuteurs.

Le Dr Renno a toutes les raisons de redouter celui qui, à ses yeux, incarne physiquement la machine de mort administrative du Reich. Voilà sept ans, il lui a naïvement confié sa répugnance à abandonner ses fonctions confortables à la clinique psychiatrique pour assumer des responsabilités dans le cadre du programme d'euthanasie, conformément aux souhaits du ministère de l'Intérieur.

– N'oubliez pas que vous êtes un fonctionnaire de l'État, jeune homme, et que vous n'avez qu'une possibilité : vous soumettre, lui rétorqua sèchement Brack.

Bien après, lors de cette visite à Hartheim, le même Brack lui remet personnellement une grande enveloppe administrative. Le jeune médecin l'ouvre : elle contient une copie d'un ordre secret de Hitler, daté du 1er septembre 1939 et confirmant les pouvoirs de mise à mort accordés à certains médecins.

– Vous voilà informé des bases juridiques de votre mission, lui lance sobrement l'envoyé du Führer. N'oubliez jamais : vous êtes un fonctionnaire du Reich, et vous lui devez obéissance ! *Heil Hitler !*

Dans les semaines qui suivent, Renno réalise l'immense privilège qui lui est fait. De tous les centres d'euthanasie du Reich, Hartheim est le plus efficace : organisation, rentabilité, rapidité d'exécution... L'« école de médecine » où il œuvre est un centre « exemplaire ». Sauf que l'on n'y apprend pas à sauver des vies humaines, mais à en supprimer le plus grand nombre possible ! C'est là qu'est mise au point la technique des meurtres de masse qui sera utilisée dans les camps de Pologne et de Silésie.

Le projet a été conçu à Berlin, dans l'enceinte de la Chancellerie du Führer, au cœur d'un département spécial créé par lui pour le règlement de ses affaires privées. Il reçoit le nom de code « T4 », le quartier général de l'opération se trouvant à Tiergartenstrasse 4, dans une villa du quartier résidentiel de Charlottenburg. Une anodine villa devenue le théâtre de l'opération secrète du IIIe Reich : l'élimination des handicapés physiques et mentaux – puis, plus tard, celle des Juifs.

Dès l'automne 1939, « on » planifie l'élimination physique des infirmes et des malades mentaux. Sous le prétexte fallacieux de « mort par pitié » ou d'euthanasie, des personnes mentalement handicapées, intellectuellement retardées, épileptiques ou souffrant d'affections de longue durée vont être systématiquement sélectionnées puis exterminées afin de ne plus être à la charge de l'État.

Une commission médicale est mise sur pied, sous la direction de Philip Bouhler, Reichsleiter de la Chancellerie, de son adjoint Viktor Brack – pour lequel « les asiles psychiatriques sont le cancer de l'Allemagne » – et du Dr Karl Brandt, le médecin personnel d'Adolf Hitler. Les professeurs de psychiatrie Nitsche, Heyde et Mennecke apportent leur expertise et leurs « lumières » à ce qu'on appellera le « Bureau des assassins ». Cette commission exerce un droit de vie et de mort sur des milliers de malades. Six lieux d'élimination sont désignés sur le territoire du Reich – dont le château de Hartheim, qu'il faut rénover. Les individus désignés sont acheminés, en train ou en autocar, jusqu'aux centres d'extermination.

En octobre 1939, le Führer signe ce fameux ordre secret autorisant la mise à mort d'individus sélectionnés et habilitant Philip Bouhler ainsi que le Dr Karl Brandt à « étendre les attributions de certains médecins pour leur permettre, selon une appréciation aussi rigoureuse que possible dans l'état des connaissances humaines, d'accorder une mort miséricordieuse aux malades jugés incurables ».

La première opération d'extermination massive, systématiquement planifiée et exécutée par l'État national-socialiste, vient de commencer.

Des liens se tissent

Ainsi débuta entre Georg Renno et moi, à partir de juin 1980, un échange de lettres et de conversations téléphoniques qui me rendaient présents ses souvenirs de notre famille commune, si peu commune...

D'habitude, je détruisais toutes les lettres à caractère privé après y avoir répondu. Pour quelles obscures raisons ai-je conservé les lettres de l'oncle Georg ? Aujourd'hui, ces lettres ne sont plus seulement celles d'un membre de ma famille, mais d'inestimables documents historiques. Car celui qui les rédigea écrivit aussi une page tragique de l'Histoire, l'une des plus monstrueuses que l'Allemagne et le monde aient jamais vécues. Il fut le serviteur exemplaire d'un régime impitoyable, le IIIe Reich.

Voici donc son histoire, telle qu'il me l'a contée, avec ses zones d'ombre et d'amnésie prévisibles.

Dans une lettre du 23 octobre 1980, oncle Georg m'expliquait notre lien de parenté: «Ton arrière-grand-père Jakob Renno et mon grand-père Georg

Dr. med. G. L. RENNO

17.II.1981

Liebe Mireille!

Anbei das Originalfoto einer Arbeit Deines Großonkels Georg Renno. Es ist das schönste der Bilder und auch die schönste Arbeit. Diese Sitztruhe im ital.-Renaissance-Stil entstand etwa in den 20iger Jahren. Ich habe neulich eine Reproduktion davon anfertigen lassen. Anschließend ließ ich das Bild einrahmen. Zusammen mit den anderen Fotos, welche Du bereits kennst, hat dieses Foto alle Wirren des letzten Krieges überstanden und gehört zu den wenigen Sachen, welche von meinem ganzen Hab und Gut nach 1945 übrig geblieben sind. Ich schenke es Dir anläßlich Deines Geburtstages hiermit zu treuen Händen und hoffe, Dir damit eine kleine Freude zu bereiten. Vielleicht hast Du im neuen Heim noch ein Plätzchen dafür übrig.

Mit lieben Grüßen

Dein Onkel Georg.

Adam Renno étaient frères. Ton grand-père Louis Renno était donc le cousin de mon père, Siegmund Renno. Étant d'origine allemande – ton arrière-grand-père et mon père étaient nés à Dörrenbach –, nous dûmes quitter l'Alsace après la guerre. Entre 1890 et 1918, les Renno vivaient en Alsace et s'y trouvaient bien. Mais en 1918 on les sépara. Nous fîmes partie de ceux qui devaient s'en aller. Tes grands-parents purent rester. Jakob, déjà malade, ne supporta pas cet exil ; il mourut en 1920. »

Oncle Georg n'avait qu'un vague souvenir et quelques photos de mon grand-père Louis. Il ne l'avait plus revu après la guerre. Par contre, il se souvenait très bien de mon arrière-grand-père Jakob (1853-1920). Né le 13 janvier 1907, il n'avait qu'un an au décès de son propre grand-père Georg Adam (1847-1908), et Jakob le considéra alors comme son petit-fils. C'est sans doute ce lien d'affection entre Georg et mon arrière-grand-père qui fit naître l'affection entre nous.

J'étais frappée par son excellente mémoire. En 1981, dans une de ses lettres, il me donna même l'énoncé de son épreuve de chimie du bac ! Il avait gardé de bons souvenirs de cette enfance à Strasbourg : « Je me souviens de courses en patins à roulettes autour de la cathédrale, des défilés militaires que je suivais en marchant à côté des joueurs de flûte. »

Lettre du Dr Renno, en 1981, à sa petite-nièce Mireille Horsinga-Renno. Il lui envoie la photo d'un meuble qui a survécu aux « troubles de la guerre ».

Est-ce de là que lui vint la fascination pour cet instrument, dont il jouerait avec tant de virtuosité ? La presse de l'époque relève ses talents de flûtiste à l'occasion d'un concert donné pour l'organisation féminine du Parti : *« Die Sonate in H-Moll von Fried. d. Grosse für Flöte mit Klavierbegleitung stellte an den Solisten hohe Anforderungen, was aber Herr Dr Renno meisterhaft erledigte »* (« la sonate de Frédéric le Grand pour flûte et piano posa au soliste une difficulté d'importance, mais le Dr Renno l'exécuta magistralement »).

KARL ET LES ÂMES MORTES

Karl Schuhmann s'essuie la bouche d'un revers de la main et se racle la gorge avant de lancer fébrilement :

– J'ai encore vu passer des bus avec des débiles ! Ils reviennent au château...

Il lève les yeux de son assiette et jette un bref regard autour de lui. Ni son frère ni sa sœur ne posent de question. Ces bons démocrates-chrétiens sociaux sont viscéralement opposés au régime nazi. Le frère de Karl, Ignace, est en relation avec des membres d'un groupe de résistants qui s'illustrera en répandant sur la voie publique des tracts contre Hitler. Mais on n'est jamais assez prudent.

Tous trouvent ça étrange : en cette chaude et accablante journée de juin, « ils » ont fait du feu au château et la cheminée fume depuis pas mal de temps déjà. Et puis, il y a cette odeur. Une odeur de charogne – une fumée de mort...

– C'est quand même bizarre, vous ne trouvez pas ? Cet après-midi, il y a encore eu un bus plein de malades ; et pourtant on ne voit rien et on n'entend rien. Toutes les portes sont fermées. On ne peut même pas entrer chez le portier.

– Ne t'occupe pas de ça, marmonne le père. Ce sont des choses qui ne nous regardent pas !

Karl replonge le nez dans son assiette. C'est un grand gaillard impétueux de dix-neuf ans, qui n'arrive plus à se satisfaire de ces silences et de ces mystères. Il a grandi dans cette ferme plantée juste en face du château. Du temps des bonnes sœurs de l'ordre de la Charité, il servait la messe chaque dimanche au château, comme enfant de chœur. Il connaissait le visage de presque chacun des jeunes pensionnaires. Tous se réjouissaient de son arrivée. Après la messe, les sœurs servaient le café et le gâteau aux amandes, ou des tartines de beurre et de miel... À la moisson, le foyer envoyait les plus vigoureux de ces jeunes aider à battre le grain.

Il a vu le château se vider de tous ses pensionnaires – et le début des travaux de rénovation, avec des ouvriers venus d'ailleurs. Pourtant, il ne peut se résigner à imaginer ces vies si familières réduites en cendres fumantes... Une fois, avec sa sœur Maria, il s'est glissé dans la porcherie. Depuis la petite fenêtre qui donne sur la face ouest, ils ont pu surveiller l'arrivée des cars. Vingt mètres séparaient leur poste d'observation du portail du château. Et puis, ils ont pris goût à ce petit manège, et passé le mot à toute la famille. Durant des mois et des années, ils se sont relayés en secret pour surveiller les activités du château.

Un jour, Karl prend une décision qu'il sait lourde de conséquences : il va faire une photo de ce qu'il

WOLFGANG SCHUHMANN

La fumée s'échappe du four crématoire du centre d'euthanasie du château de Hartheim. Photographie prise en cachette, en 1940, par Karl Schuhmann, un adolescent habitant une maison voisine.

ne peut plus garder pour lui seul... Deux bus viennent d'arriver. Comme d'habitude, une ou deux heures plus tard, la cheminée se met à fumer. Il se cache derrière une charrette, dans la cour de la ferme, et sort de sa blouse une Kamerabox, simple cube noir où il suffit d'appuyer sur le bouton en regardant dans le viseur, sans possibilité de réglage. Il scrute les fenêtres du château, ses mains tremblent : quelqu'un pourrait le voir !

Sans prendre le temps de bien viser, il appuie sur le bouton et dissimule vite son appareil sous sa blouse. Les jambes flageolantes, il traverse la cour d'une façon qu'il voudrait aussi naturelle que possible pour rejoindre la ferme. En ouvrant la porte de la maison, il sent ses forces l'abandonner et se laisse choir pesamment sur le banc. Maria se hâte de refermer la porte derrière lui. C'est fini. Il a sa photo. Une photo qui, après la guerre, fera le tour du monde *(page précédente)*.

Autour du château, certains habitants, ceux qui ont la force d'affronter ce terrible savoir, suivent le circuit de ces pauvres restes humains, après combustion : ils sont d'abord entassés sur le côté est du château, puis dans des camions – et enfin jetés dans le Danube et la Traun. Parfois, des villageois se cachent dans l'Auwald, le bois qui jouxte l'endroit où la « voiture à cendres » décharge sa macabre cargaison. Parfois, des os humains intacts tombent du camion. Karl a entendu dire que des habitants les rassemblaient en petits tas sur le bord de la route, pour montrer aux assassins qu'ils savent.

Mais on dit tant de choses autour de Hartheim....

Sa part de vérité

C'était une histoire banale que l'oncle Georg me racontait, celle d'un jeune médecin fonctionnaire à l'orée d'un chemin qui doit le conduire vers sa place au soleil.

Le jeune Dr Renno change souvent de poste en peu de temps. Dans le cadre de ses études, il est nommé successivement aux hôpitaux de Heidelberg et de Frankenthal. En 1933, il obtient son premier poste de médecin à Scheidegg. Au détour de ce nomadisme médical, il rencontre Margarete Kinck, une charmante collègue qui a suivi le même cursus exigeant. Ils décident de se marier. Quoi de plus naturel quand on s'aime ? Mais les temps sont très particuliers : les deux amoureux doivent prouver qu'ils forment un bon couple aryen.

Pour ce faire, Georg Renno se lance en février 1934 dans des recherches généalogiques, afin d'établir qu'il est bel et bien ce « bon Aryen » qu'on lui demande d'être. Il ne se prive pas d'insister tout particulièrement sur ses caractéristiques nordiques. Fort opportunément, le jeune fiancé arrête ses recherches au côté allemand – et passe sous silence la période française de sa famille. Le *Rasse- und Siedlungsamt* tranche par son avis n° 3024: «*Wenig günstig, wenngleich kein zwingender Gegengrund*» («peu favorable, même s'il n'y a pas de contre-indication»).

Le 1er novembre 1935, il entame une spécialisation en neurologie à Leipzig. Il devient médecin-conseil en septembre 1936. Il passe également une année au Kaiser-Wilhelm Institut für Anthropologie à Berlin puis au Deutsche Forschungsanstalt für Psychiatrie à Munich. Au fil de ses affectations, il est considéré comme expert en génétique et en «science des races». Il devient ensuite conseiller médical du Land de Saxe.

En 1939, le jeune médecin songe à quitter les services de l'État pour s'installer à son compte. «Mais la guerre éclata...»: telle fut l'explication fataliste qu'il me donna pour justifier sa décision de rester fonctionnaire – et, sur ce point, je ne pus que compatir avec lui.

Réformé suite à une infection – une tuberculose oculaire, à ce qu'il me dit –, il reste ainsi dans les services de médecine d'État, notamment dans un service de la police où il dirige, d'après ses dires, un cabinet de psychiatrie ainsi qu'un service de neurologie de soixante-quinze lits dans un hôpital.

Voilà les lignes de force de sa vie, telles qu'oncle Georg a bien voulu me les restituer. Bien entendu, c'était sa part de vérité. Mais là n'était pas toute la vérité – celle que désormais il me faudrait tenter de reconstituer, au-delà de son récit. Qui était-il, vraiment ? Un de ces salauds ordinaires qui n'hésitent pas à saisir les opportunités pour faire carrière ? Un criminel de bureau qui décide à coups de tampons et de signatures, et parfois en actionnant une manette, de la vie et de la mort de son prochain ?

Au château, il était quand même au contact avec ses victimes, sans que cela ne lui pose de problème moral particulier. L'obéissance aux ordres lui semblait naturelle : lui est-il venu, juste une seule fois, l'idée de s'interroger sur leur légitimité ? Mais non : le seul souci de Georg Renno, c'était de se montrer un bon Aryen parmi tant d'autres, comme ce temps-là en fabriquait à la chaîne ! De bons Aryens, qui bénéficiaient de tous les privilèges du régime qu'ils avaient « l'honneur » de servir – tandis que leurs victimes étaient exclues de ces privilèges-là, dépossédées de leurs biens et de leur vie.

J'ai poursuivi cette enquête sur le passé d'un des miens comme on mène un combat contre soi-même. Désormais, je mesure d'atroce expérience, si je puis dire, à quels charniers conduit un certain conformisme social, mêlé d'aveuglement et de lâcheté. Georg Renno s'est fait homologuer en qualité d'Aryen « tout juste passable », comme tant d'autres ont été titularisés dans leur métier d'homme, leur emploi de bourreau – ou leur rôle de victime.

Mais Georg Renno n'a jamais été victime – pas même de son aveuglement. Jusqu'au bout, il s'est voulu de la « race des seigneurs » du jour et s'est retrouvé déserteur à vie de l'espèce humaine.

L'ANTICHAMBRE DE L'ENFER

Arrivés en gare de Linz, les wagons sont garés sur une voie à l'abri des regards, sous la garde des SS. Les cent à deux cents malades qui composent un convoi sont ensuite entassés dans les bus. Les plus gravement atteints sont directement transférés à Hartheim. Les autres doivent attendre dans les wagons le retour des bus qui ont débarqué la première cargaison de malades, lesquels sont entre-temps déshabillés, photographiés, gazés et brûlés. Durant cette longue attente, il leur est interdit de descendre du train. On ne leur donne ni à boire ni à manger.

Quand ils arrivent au château, les bus se garent sous un hangar en bois. Les malades descendent. Les uns, se doutant confusément de ce qui les attend, sont terrorisés. Les autres sont simplement curieux de voir à quoi peut ressembler leur « nouveau lieu de séjour »... Ceux qui ne peuvent pas marcher ou qui sont sous calmants sont portés hors du bus.

Pour atteindre le vestiaire où ils devront se déshabiller, il leur faut passer par un couloir qui mène à la cour centrale, entourée d'arcades. De cette cour, ils ne peuvent rien voir. Entre les piliers du côté nord, l'espace est entièrement bouché par un haut mur de planches. Arrivés dans les vestiaires, les malades doivent se déshabiller – les hommes d'un côté, les femmes de l'autre... Ils remettent leurs pauvres effets à des employés qui étiquettent vêtements et bagages. Un officier de police contrôle les identités, les certificats médicaux, et enregistre les effets personnels.

Ensuite, complètement nus, les malades doivent repasser dans le couloir en bois pour entrer dans la grande pièce de la tour nord-est, où les attendent Lonauer et Renno, assistés par des hommes et des femmes en blouse blanche. En réalité, il ne s'agit pas toujours d'infirmiers, mais souvent de personnel administratif. Une employée questionne chaque malade sur son identité et vérifie le numéro qui se trouve sur son dos.

Puis Lonauer ou Renno procède au « dernier examen médical », qui se limite à deux coups d'œil brefs, presque distraits : l'un sur le formulaire, l'autre sur le patient. Cela suffit pour envoyer un homme à la mort et lui imputer une cause plausible de décès. Celle-ci est inscrite sur le formulaire dans un cadre noir, alors même que la personne est encore en vie et ne se doute de rien...

La cause invoquée, souvent une pneumonie ou une défaillance cardiaque, est ensuite notifiée sur l'acte de décès adressé aux familles. Afin de la rendre le plus plausible possible, le Dr Irmfried Eberl s'est ingénié à établir une liste de soixante et un cas de figure macabres. Le Dr Eberl est le directeur de l'institution de Brandenburg-Havel, une ancienne prison transformée fin 1939 en centre d'extermination.

Après ce bref examen, Lonauer ou Renno inspecte la bouche du patient. Si celui-ci a des dents ou un bridge en or, une infirmière trace une croix sur l'abdomen ou le thorax du malade. Les « cas intéressants » sont également marqués, et photographiés de face et de profil par Bruno Bruckner, le photographe attitré de Hartheim. Ceux-là sont destinés à être disséqués, en vue du prélèvement de leur cerveau ou d'un autre organe « récupérable »...

Ensuite, les malades doivent passer « à la douche ». La chambre à gaz ressemble effectivement à une salle de douche.

– Je ne sais pas qui a eu cette idée stupide de camouflage en local de douche, grommelle le Dr Renno. Un individu psychologiquement mort ne se soucie pas de ce qui l'entoure.

En franchissant la lourde porte de fer, certains crient déjà et se débattent. Ceux qui emportent avec eux savon et gant de toilette croient-ils vraiment qu'ils sont là pour faire leurs ablutions ? À l'instant où cette porte-là se referme sur eux, certains comprennent... Et ceux qui attendent leur tour pour passer « à la douche » sont sous l'effet des injections de morphine, et déjà étrangers à ce qui va leur arriver.

Les bus déchargent à chaque convoi une cargaison d'environ trente à soixante malades. À peine une heure après leur arrivée, tous sont passés dans la chambre à gaz. Un carrelage rouge foncé en recouvre les murs jusqu'à une hauteur d'environ un mètre cinquante. Les malades qui ne peuvent pas tenir debout sont assis sur d'étroits bancs en bois installés le long des murs. Après un dernier comptage, la porte de fer est verrouillée.

Alors le médecin de service entre en action. Dans une petite pièce attenante à la chambre à gaz sont entreposées des bouteilles en acier. Chacune contient quarante litres de monoxyde de carbone. Le château est régulièrement approvisionné en gaz en provenance de la société IG Farben de Ludwigshafen.

Conformément aux instructions de Berlin, Renno ouvre personnellement le robinet et contrôle la pression au manomètre. Longtemps, il s'y est refusé. Jusqu'à cet incident survenu en juillet 1940. Georg Renno est absent, et Lonauer supervise le gazage. Mais il a laissé au brûleur Josef Vallaster le soin d'agir seul. Vallaster abrège le temps d'ouverture du robinet. Après l'aération de la chambre à gaz, il constate que tous les malades ne sont pas morts. À son retour, Renno est informé de cet incident. Il réprimande Vallaster et décide de manipuler dorénavant lui-même le robinet de gaz. Au bout de deux mois, il confie à nouveau cette responsabilité à Vallaster, tout en le surveillant avec suspicion.

Le gaz est acheminé par un court tuyau de caoutchouc relié à un conduit en fer qui traverse le mur au niveau du sol et passe sous les bancs ; à intervalles réguliers se trouvent les trous qui laissent échapper les émanations mortelles. Renno laisse l'arrivée de gaz ouverte jusqu'à ce qu'il constate qu'il n'y a plus aucun mouvement parmi les victimes. En moyenne, il faut dix minutes pour envoyer à la mort quelques dizaines de vies enchevêtrées...

Alors commence le travail des brûleurs. Une fois la chambre purifiée des bouffées de gaz, ils viennent par équipes de deux fouiller dans cet amas de corps et les séparer les uns des autres.

« Le temps de combustion d'un cadavre maigre est plus long que celui d'un corps bien nourri, se dit le Dr Renno. Comme ils sont tous maigres, il doit y en avoir pour une heure et demie environ pour chacun... » Le jeune médecin a acquis dans ses fonctions une expérience précieuse pour le Reich. Pragmatique, il accumule observations et conclusions, car il sait qu'il lui suffit d'acquérir davantage d'expérience pour faire un travail encore meilleur. Un travail de haute précision...

Le dernier maillon

À maintes reprises, j'invitai l'oncle Georg à passer quelques jours en Alsace avec sa femme. Mais jamais il ne vint. Sa belle-mère, qui vivait avec eux, me disait-il, était gravement handicapée à cause d'un accident survenu durant sa jeunesse, et il ne pouvait la laisser seule à la maison. En revanche, il m'invita fort obligeamment à venir lui rendre visite à Bockenheim avec ma petite famille. Plus tard, je compris pourquoi il refusait de quitter son pays, pourquoi il répugnait à passer les frontières...

Dans un de ses premiers courriers, il m'apprit qu'il avait été marié une première fois. Sa première épouse, Margarete, était également médecin. Ils avaient eu trois filles, et puis ils avaient divorcé en 1955. Ce fut au laboratoire Schering, où tous deux travaillaient, qu'il fit la connaissance de sa seconde épouse, Hélène.

De lettre en lettre, de confidence en confidence, nous fîmes ainsi plus ample connaissance. À mes yeux, l'oncle Georg était le dernier maillon vivant qui me reliait à ceux qui n'étaient plus de ce monde :

mon père et mon grand-père. Dans nos veines coulait un peu du même sang. « Pour moi, m'écrivait-il le 23 octobre 1980, tu es la jolie fille Renno dont j'ignorais l'existence jusqu'à ma soixante-treizième année. Je m'en réjouis d'autant plus que tu appartiens à cette lignée des Renno avec laquelle j'étais le plus lié pendant la période où j'habitais à Strasbourg. » Ainsi qu'il me le rappela, mon arrière-grand-père Jakob (qui était tailleur de pierre et souffrait d'asthme) fut son grand-père de substitution, jusqu'à sa mort en 1920.

Mon père était un homme discret, avare de paroles. Mais nous n'avions pas besoin de nous répandre en effusions ni de nous embarquer dans d'infinis discours : nous nous comprenions parfaitement. Je l'ai perdu à vingt-neuf ans, et je m'en suis voulu de ne pas avoir pu ou su lui exprimer tout ce que j'avais encore à lui dire.

À travers ces retrouvailles inattendues avec l'oncle Georg, j'espérais en quelque sorte retrouver chez lui quelque chose de mon père. En me lançant dans l'écriture de ce livre, j'espérais prolonger, par-delà sa mort, tout ce que nous n'avions pu faire ensemble. Mais, comme je ne devais plus tarder à l'apprendre, Georg Renno avait sali notre nom. Je ne sais pas si mon père aurait approuvé mon projet de mettre cette histoire sur la place publique. Il avait coutume de dire : « Pour vivre heureux, vivons cachés. » Il n'aurait sans doute pas voulu jeter ainsi notre vie familiale en pâture. Il est vrai que sa génération ne connaissait pas encore la frénésie de la « pipolisation » et des *reality-shows*. Mais je sais qu'il aurait été fier de me voir venir à bout d'une entreprise difficile, comme celle d'écrire un livre.

Cependant, dans notre famille, ni lui, ni moi, ni aucun d'entre nous n'avait besoin de se découvrir un Renno de triste notoriété qui salirait le livre de notre vie. Celui des Renno que j'admirais le plus n'allait pas tarder à se révéler à moi comme cet opportuniste froid et calculateur qui, sous le masque de l'affabilité, avait consciencieusement appliqué les directives criminelles d'un régime sanguinaire.

Georg Renno me transmit tous les renseignements qu'il possédait sur nos ancêtres. Il m'affirma même vouloir reprendre lui-même les recherches. Ma passion pour la généalogie l'avait-elle contaminé ? Plus tard, je compris : effectivement, la généalogie l'avait passionné. Autrefois. Quand il était un jeune médecin dévoré d'ambition, qui n'avait d'autre souci que de prouver qu'il était un « bon Aryen ». Afin de faire un beau mariage et d'asseoir sa position de bon serviteur de l'État nazi.

LES VOLEURS DE VIES

L'œil à travers le judas constate froidement la mort. C'est une vision d'horreur.

Il arrive aux médecins d'inviter des dignitaires nazis à des gazages de démonstration. Et les élites du Reich contemplent ces pauvres hères se débattre, hoqueter – de plus en plus faiblement. D'abord, ils manquent d'air. Certains battent la lourde porte d'une pauvre pluie de coups inutiles. D'autres, assis sur les bancs, piquent du nez et s'affaissent vers l'avant, la bouche grande ouverte comme des poissons sortis de l'eau. Mais il y a tellement d'individus entassés les uns contre les autres, dans cette pièce de vingt-cinq mètres carrés, qu'il leur est impossible de s'écrouler sur le sol. Les condamnés s'accrochent à leurs compagnons d'infortune, les enlacent dans une pitoyable étreinte de mort partagée. Certains ont les jambes maculées d'excréments, d'urine, de vomi ou de sang menstruel.

Quand il n'y a plus que des cadavres, un infirmier ou un brûleur ouvre la porte pour mettre en route le système de ventilation. Au cours des premières semaines de l'activité de Hartheim, Lonauer ou Renno ouvraient personnellement la porte... Ils mettaient des masques à gaz pour s'acquitter de leur entreprise de mort et y ajouter leur finition personnelle.

Par la suite, cette besogne est effectuée par des employés qui ne prennent plus le temps de mettre un masque à gaz: ils retiennent leur respiration, ouvrent rapidement la porte et s'éloignent le plus rapidement possible. L'aération de la chambre à gaz dure entre une et deux heures. Les brûleurs travaillent à deux pendant douze heures, avant d'être relayés par une autre équipe. Quand la chambre à gaz est débarrassée de tous les corps, des femmes préposées au nettoyage lavent le sol et les murs maculés.

Les cadavres sont tirés par les jambes ou les bras, à travers la pièce où l'on stocke les bouteilles de gaz, vers la morgue. Les premières semaines, le sol de ces pièces était fait de vieilles planches disjointes. Le déplacement des cadavres, qui paraissaient peser deux fois leur poids de vie, était particulièrement pénible sur ce sol inégal. C'est pourquoi il fut décidé de couler une chape de béton. Mais il était toujours aussi difficile de traîner les corps sur le sol demeuré rugueux. Finalement, l'on posa un carrelage. Pour améliorer encore la glisse, le personnel asperge régulièrement les dalles.

Dans la morgue, les brûleurs tournent et retournent les corps à la recherche des signes marquant ceux qui portent des dents en or ou qui sont destinés à être disséqués. L'un des brûleurs leur écarte les mâchoires pendant que l'autre arrache les dents en or à l'aide d'une pince et les jette dans un bocal rempli d'un mélange d'eau et d'antiseptique.

Puis les corps sont entassés le long du mur. Ceux qui ont été sélectionnés sont déposés en salle de dissection, où on leur prélève le cerveau ou d'autres organes, qui sont conservés dans du formol. Une partie de ces cerveaux est envoyée à Vienne.

C'est alors que commence l'incinération. Poussés dans les fours, les cadavres sont réduits à un petit tas de suie et de pauvres secrets humains envolés, à jamais perdus... Quand les fours ont refroidi, ce qui reste de matière solide de ces pauvres vies volées est moulu dans un appareil électrique.

Première rencontre

Cela arriva enfin par une belle matinée ensoleillée, le lundi 20 juillet 1981.

La France venait de s'offrir les frissons d'une alternance politique qui promettait de « changer la vie » – et moi, je frissonnais à la pensée de rencontrer enfin cet oncle mythique que je ne connaissais qu'à travers nos échanges épistolaires et téléphoniques. Notre vie aussi allait changer ! Philippe avait alors neuf ans ; il s'assoupissait en contemplant derrière la vitre de notre Renault 4 L les paysages apaisants et prometteurs de l'été...

Après avoir passé la frontière à Wissembourg, nous prîmes la direction de Bad Bergzabern et Dörrenbach, où mon père et son cousin Schängel avaient si souvent passé leurs vacances. Certains de mes ancêtres venaient de là-bas. Dans ma famille, on disait que les Renno, des huguenots, se seraient établis dans le Palatinat pour échapper aux persécutions religieuses en France. J'eus une pensée furtive pour mon arrière-grand-père né à Dörrenbach et pour Émilie, la sœur de mon grand-père, qui habitait Bad Bergzabern.

À Dörrenbach, je retrouvai avec émotion la trace des Renno. Mon père m'avait parlé d'un cousin, Friedrich Renno. Sculpteur sur bois, ce dernier était censé avoir sculpté le panneau au bord de la route indiquant Dörrenbach. Plus vraisemblablement, il était l'auteur de la rampe en bois du presbytère endommagé par un bombardement en 1944.

Peu avant midi, nous arrivâmes à Bockenheim. À l'adresse indiquée, le portail était grand ouvert. Notre vaillante 4 L entra triomphalement dans la cour pavée. Nous n'eûmes guère le loisir d'admirer la grande demeure où nous étions attendus. Déjà, l'oncle Georg s'était précipité à notre rencontre pour nous accueillir à bras ouverts. Il était plus grand que mon père et mon grand-père. Je ne lui trouvais d'ailleurs aucune ressemblance avec eux !

Georg Renno se tenait devant moi, svelte et droit comme un de ces chênes que rien n'abat. Sa chevelure encore abondante formait de belles vagues blanches. (Je ne pus m'empêcher de constater qu'au même âge mon grand-père était déjà bien dégarni – et mon père avait de pauvres cheveux raides !) Il avait d'épaisses lunettes à double foyer et un large sourire qui illuminait un visage avenant. Dans un même élan, nous nous précipitâmes l'un vers l'autre.

– Regardez-moi ça ! s'exclama une voix féminine ferme venant de l'embrasure de la porte. Les voilà qui s'embrassent déjà, comme s'ils se connaissaient depuis toujours !

Puis la voix prit corps – c'était celui d'une vieille dame élégante et bien coiffée, qui semblait étonnée de notre connivence et de la spontanéité de nos effusions.

– Je vous présente tante Hélène, dit oncle Georg.

Nous étions tous très heureux de nous rencontrer. La maison sentait bon le propre et l'encaustique. C'était un parfum de maison bien tenue, comme la discrète fragrance d'une vie rangée où tout avait toujours été en ordre. Dans un coin de la salle de séjour, une petite vieille était assise dans un fauteuil. Deux béquilles étaient posées près d'elle. Elle avait l'air sévère dans sa robe noire, ses cheveux tirés en arrière en un petit chignon strict. Mais son visage s'éclaira à notre vue.

– Voici ma belle-mère, la mère de tante Hélène, annonça oncle Georg.

Je lui demandai l'autorisation de l'appeler « grand-mère » – *Oma* était trop allemand à mon goût. Elle fut ravie d'être notre grand-mère, et le resterait jusqu'à sa mort. Nous l'avions attendrie. Plus d'une fois, lorsque nous partions, je la vis écraser une larme furtive.

Dans son enfance alsacienne, l'oncle Georg avait un peu étudié le français. Il se souvenait de quelques mots et récita d'une seule traite *Le Corbeau et le Renard* à mon fils ébahi. Il se souvenait également de la morale du *Laboureur et ses Enfants* : « Travaillez, prenez de la peine ; c'est le fonds qui manque le moins. »

Il nous fit visiter la maison. C'était une vieille ferme de 1834. Elle avait été agrandie par un bâtiment qui la reliait à l'ancienne grange transformée en garage. La porcherie était devenue une salle de

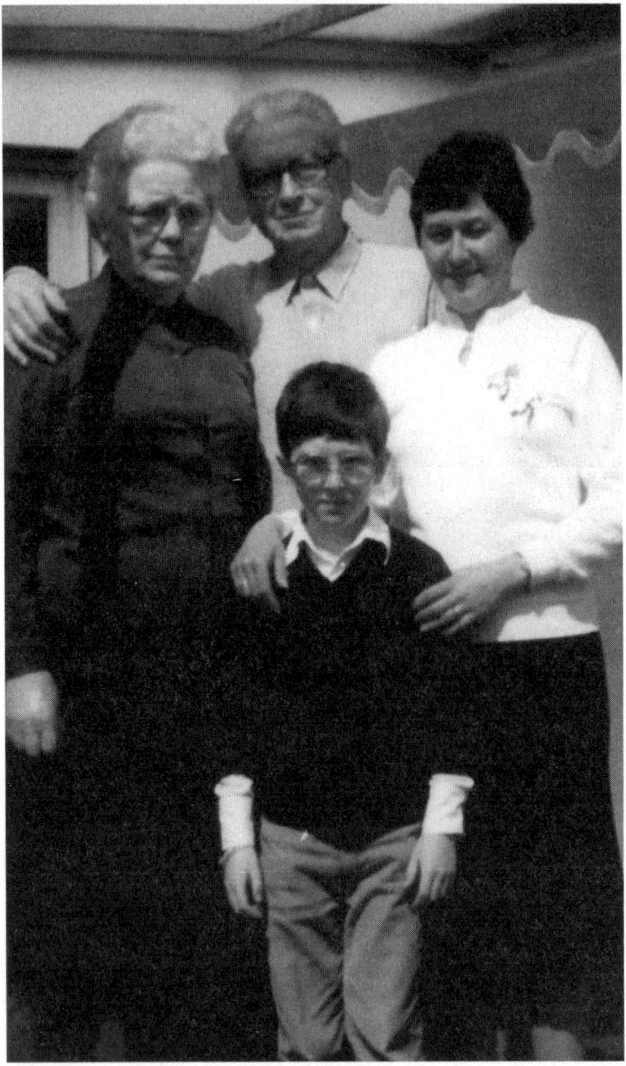

DR

Georg Renno, avec sa femme Hélène, reçoit Mireille Horsinga-Renno et son fils Philippe à Bockenheim en 1983.

bain et une buanderie. Du lave-vaisselle au sèche-linge, en passant par la chaîne stéréo et la télévision, il ne manquait rien au confort de ces trois êtres-là...

Dans un coin de la salle à manger, sous un portrait de Jean-Sébastien Bach, se trouvait une vitrine où l'oncle Georg rangeait son trésor le plus précieux : ses flûtes traversières. Je me souvins qu'il était un grand mélomane et un excellent flûtiste. Il me montra plusieurs articles de presse qui parlaient de concerts au cours desquels le « Dr Renno » s'était distingué par ses talents de soliste. Pour déjeuner, Hélène nous servit une de ses spécialités : en entrée, des tranches d'ananas gratinées à l'édam, puis du chou rouge avec du rôti de porc. Ensuite, nous nous sommes promenés sur les douces collines de Bockenheim en comparant les magnifiques paysages du Palatinat et d'Alsace.

Le soir même, après le dîner, oncle Georg joua pour nous, à notre plus grande admiration. Il mettait une cassette du concerto pour flûte et harpe de Mozart et, lorsque le soliste jouait, il se calait sur lui et jouait en même temps. Chaque note, chaque reprise était si juste que l'on n'entendait plus qu'un seul instrument. Depuis ce soir-là, je n'écoute plus le concerto de Mozart comme avant et, chaque fois que j'écoute de la flûte, je pense à l'oncle Georg. Je songe désormais à tous ces soirs où, voilà plus de soixante ans, il jouait dans un environnement d'horreur. Il nous parla de musique avec l'enthousiasme d'un passionné et avança des idées de pédagogue :

– Chaque enfant devrait apprendre à jouer d'un instrument ! Dans ce monde, les enfants sont trop passifs vis-à-vis de la culture et de tout ce qui embellit la vie, de tout ce qui élève l'âme ! Ils n'écoutent de la musique qu'à travers des enregistrements ou la télévision, et cette passivité les conduit à l'ennui. L'apprentissage d'un instrument est une école de patience et de volonté. Il mène vers une ouverture et un équilibre de l'esprit, vers un besoin permanent d'apprendre et de se perfectionner.

– On parle de thérapie par la musique, hasardai-je.

– Dans son livre, *Kinderschicksal in unserer Hand* («Le destin des enfants entre nos mains»), Christa Meves, qui travaillait avec des enfants malades mentaux, dit : «Mozart nous a appris l'importance de la "flûte enchantée", l'importance de la musique pour l'homme. Il nous a appris à quel point la musique peut l'aider à surmonter les problèmes de sa vie.»

J'ignorais encore qu'il ne s'était pas toujours posé des questions sur la thérapie à appliquer pour soigner les malades mentaux. Par contre, la musique avait sans doute eu une grande importance pour l'aider à surmonter les problèmes de *sa* vie...

Il promit à mon fils de lui offrir une de ses flûtes s'il apprenait à en jouer. Mais, à neuf ans, Philippe ne se sentait pas attiré par cet instrument.

Tard dans la soirée, après nous avoir montré son bureau, empli de livres et de photos de ses ancêtres, oncle Georg nous accompagna à notre chambre. Il s'agissait en fait de leur chambre à coucher, à tante Hélène et à lui, car c'était la seule avec un grand lit.

Je ne devais en prendre conscience que quelques années plus tard : cette nuit-là, je dormis dans le lit d'un ancien criminel de guerre !

ERREURS D'AIGUILLAGE

Le 2 août 1940, la femme de Georg Renno met au monde leur troisième fille.

Un transport de quatre cents malades, en provenance de la maison de santé de Steinhof à Vienne, est programmé pour le 5 août. La présence de Renno n'est pas indispensable pour ce nouveau convoi vers la mort. Mais c'est pour lui l'occasion de visiter la vieille capitale d'Empire, qu'il ne connaît pas. Il rend visite à sa femme et à son bébé à Baden, près de Vienne, puis il s'empresse de visiter la ville. C'est un samedi.

Le lundi matin, Renno arrive à la gare de Hütteldorf, où les fonctionnaires de la mort constituent le convoi qui doit partir à Linz. L'homme qui surveille le déroulement du chargement se tient soigneusement à l'écart. Il est en civil, mais sa distinction le trahit. Les employés qui font entrer les malades dans les wagons savent que cet individu qui les observe est un personnage important de Hartheim.

Alfred Maucka, le directeur de Steinhof, s'adresse à lui, en dissimulant mal son exaspération :

– Nous sommes en train de commettre une grave erreur, bredouille-t-il.

– Que voulez-vous dire par « erreur » ? interroge placidement Renno.

– Environ cent soixante des quatre cents hommes de ce convoi ne sont que des alcooliques. De simples alcooliques ! À ce titre, ils ne devraient pas faire partie de ce convoi...

Georg Renno ne répond pas tout de suite. Mais Maucka ne devine que trop le but final de ce convoi. Le praticien de la mort va devoir rassurer un interlocuteur trop émotif, qui pourrait ne pas tenir sa langue.

– Ne vous inquiétez pas, répond toujours aussi flegmatiquement le docteur tiré à quatre épingles. Je vous donne ma garantie que j'examinerai personnellement tous les malades durant le transport. Dans l'immédiat, je ne peux rien faire de plus : le convoi est prêt et il faut respecter les horaires.

Rassuré, Maucka se confond en remerciements.

Renno tient parole. Il examine effectivement les cent soixante malheureux destinés à une mort certaine. Et les déclare parfaitement aptes au travail. À leur arrivée à Linz, les alcooliques sont séparés de leurs compagnons d'infortune, remis dans le train et renvoyés dans leur établissement d'origine. Pour éviter de tels incidents, Renno et Lonauer décident de modifier la procédure.

– À l'avenir, propose Renno, les malades seront examinés sur place, dans leur centre de soins d'origine. Nous pourrions nous en charger...

– Mais jamais je ne trouverai le temps d'effectuer toutes ces visites ! objecte Lonauer. Tu te rends compte que je dois mener de front mon travail à Hartheim et à Niedernhart, tout en m'occupant de mes patients dans mon cabinet privé à Linz ?

– Rien ne t'oblige à t'y engager officiellement, rétorque Renno. Il te suffit de faire des visites selon ton rythme et tes disponibilités. Je prendrai sur mon temps pour visiter les maisons de retraite et les institutions. Pourquoi nous surcharger d'inutiles contraintes officielles ?

Ce jour-là, les deux médecins prennent leur décision. Ils n'informeront pas le quartier général de l'opération T4 de cette innovation. Ils prennent seuls l'initiative de la sélection directement dans les asiles du Vorarlberg et de la région des châteaux de Bavière.

Lonauer visite quelques établissements. Bien plus tard, lorsque débuteront les sélections dans les camps de concentration de Mauthausen et Dachau, il accompagnera les hautes personnalités de la commission T4 lors de leurs visites dans les asiles et les camps du Reich.

Georg Renno, lui, voyage beaucoup et sillonne la région. Entre l'été 1940 et l'été 1941, il visite une cinquantaine de maisons de retraite d'institutions caritatives. Il y sélectionne méticuleusement les malades mentaux qui s'y trouvent.

Mais il ne fera plus beaucoup d'exceptions.

Un honnête homme

Au lendemain de notre première nuit à Bockenheim, oncle Georg nous fit visiter la région et nous invita au café Kempf à Dirmstein, l'un des meilleurs restaurants de la région, sur la route des vins. Nos échanges portèrent tout naturellement sur la gastronomie, les vins et les charmes des alentours. Il n'y avait pas à dire, le Palatinat était la continuation de l'Alsace... Nous parlâmes aussi de l'Europe. Je crus comprendre que la perspective de l'unification européenne ne l'enchantait guère. Oncle Georg préférait sans doute que l'Allemagne reste l'Allemagne...

– Et puis, l'Alsace n'est pas tout à fait française ! se réjouissait-il.

L'après-midi, il nous montra son jardin. Il avait un potager, dont une partie était réservée à la culture d'asperges, et un jardin d'agrément très coloré, avec de nombreuses variétés de fleurs : roses d'Inde, cosmos, etc. Il m'offrit des semences et nous donna des conseils pour l'entretien de notre gazon. Il nous fit aussi un cours magistral de jardinage :

– Il y a une manière d'assouplir la terre sans la retourner. Pour cela, il y a l'élevage de lombrics. J'en élève, et je les ajoute régulièrement à la terre... Ainsi, l'écosystème n'est pas perturbé.

Il nous parlait de jardinage avec autant de passion qu'il nous avait entretenus de musique la veille. Quel que fût le sujet abordé, oncle Georg était intarissable. Il avait des connaissances dans tous les domaines et fascinait son auditoire. Quel brillant causeur ! Quasiment chacune de ses affirmations était étayée par des références livresques. Sa grande culture et son excellente mémoire m'en imposaient.

– Tu sais, lui dis-je, je trouve que tu as fait un métier formidable. Ton domaine touche à la fois à la médecine du corps et celle de l'esprit ; ça devait être passionnant de pouvoir aider et soulager des gens dans la détresse. Je serais incapable de le faire, car j'y laisserais ma santé. Je suis une véritable éponge qui absorbe la douleur des autres...

– Un médecin, me répondit oncle Georg, doit savoir garder une certaine distance par rapport aux patients. On ne peut pas se permettre de faire du sentimentalisme, sinon on y laisse soi-même sa santé. Le médecin doit soigner, aider, mais pas se mettre à la place du malade...

Sur le moment, ces propos ne m'avaient pas intriguée. Bien au contraire, je pensais comme lui qu'un médecin devait savoir se protéger ! Il ne pouvait prendre sur lui toutes les souffrances de ses patients. Ce n'est que beaucoup plus tard que cette conversation m'est revenue. Effectivement, le Dr Renno ne s'était guère encombré de sentimentalisme. Pour autant, je ne crois pas non plus qu'il ait agi avec haine. Son comportement était médical et technique. Il ne faisait que ce qu'on attendait de lui.

Pour moi, durant ces jours et ces années d'insouciance, oncle Georg fut la preuve vivante que l'on pouvait vieillir en se bonifiant, tout en restant en pleine forme et en pleine activité, l'esprit vif et toujours éveillé au monde. Ce chêne que rien n'abat fut pour moi le rassurant modèle du « bien vieillir ».

Avant de nous quitter, oncle Georg m'offrit des semences d'œillets d'Inde. À Bernard, il donna des lombrics pour son compost :

– Ce sont des *Amerikanische Würmer*, une race très spéciale, sourit-il de façon sibylline.

Une semaine après cette première visite, il m'envoya *Das Grosse Pfalzbuch* (« Le grand livre du Palatinat »), en souvenir de cette journée enchantée. Je le dévorai comme un prolongement de ses paroles. Oncle Georg aurait fait un excellent guide touristique. Il y avait tellement de métiers dont il aurait pu s'acquitter à la perfection ! J'avais trouvé dans ma famille un spécimen d'excellente qualité de l'honnête homme, issu des temps révolus de l'humanisme...

LES RÈGLES DE L'ART

En application d'une circulaire du Dr Conti datée du 9 octobre 1939, le ministère de l'Intérieur du Reich adresse à chaque asile, à chaque hospice, des formulaires de déclaration à remplir pour le recensement des pensionnaires. Ils sont accompagnés de fiches d'instructions ambiguës, à respecter impérativement...

Les pensionnaires de ces établissements de soins y sont classés en trois groupes : 1) les patients souffrant de schizophrénie, d'épilepsie, de sénilité, de paralysie incurable, de maladies syphilitiques, de faiblesse d'esprit, d'encéphalite et de tous troubles neurologiques ; 2) les patients hospitalisés depuis au moins cinq ans ; 3) les patients internés comme aliénés criminels, les étrangers et ceux qui sont visés par la législation raciale national-socialiste.

Les instructions insistent particulièrement sur la capacité de travail des patients. Les directeurs d'établissement craignent que leurs pensionnaires ne soient enrôlés pour l'économie de guerre s'ils les classent dans la catégorie des individus « aptes à travailler ». Croyant leur rendre service et les épargner, ils rangent le plus grand nombre possible de malades sous la rubrique « inaptes ». Lorsqu'il leur apparaît que ceux-ci sont systématiquement mis à mort, ils refusent de remplir les formulaires de déclaration. Ou bien ils qualifient d'« aptes au travail » tous ceux qui en présentent la moindre apparence.

Alors, là où le personnel refuse de collaborer, la direction de la mission T4 envoie des commissions de médecins qui remplissent eux-mêmes les déclarations. Les formulaires sont ensuite centralisés. L'original est classé dans le dossier ouvert au nom de chaque malade. Des copies sont examinées par trois experts, qui y indiquent leur décision dans un cadre bordé de noir, au moyen d'un signe « + » rouge, qui indique que le malade doit être exécuté, ou d'un signe « – » bleu, pour le maintien en vie. Pour ces médecins, la vie est symbolisée par un signe négatif et la mort par un signe positif... Lorsque l'expert en chef s'est prononcé pour le maintien en vie, on envoie des commissions de contrôle dans les asiles, ou on demande à ces établissements l'envoi de dossiers complémentaires.

En matière de « mort assistée » de ces « enveloppes humaines vides », ce sont les considérations d'ordre pratique qui priment ; elles sont capitales pour la décision des médecins. En principe, seuls les malades qui se sont distingués au front, qui ont été blessés ou décorés pour faits de guerre ont le droit de rester en vie. Puis la section des transports dresse les listes de malades à transférer dans les centres d'extermination.

Chaque établissement reçoit sa liste de condamnés et les instructions pour le transfert, comme l'obligation d'administrer des calmants aux malades agités. Les responsables des établissements sont également tenus de veiller à ce que chaque malade soit identifiable ; à cette fin, il leur est demandé de coller une bande de Leucoplast sur le dos de chaque malade, entre les omoplates, et d'y inscrire le nom de l'intéressé. Mais ces bandes de Leucoplast posent rapidement des problèmes au personnel de Hartheim. Souvent, les malades les arrachent – et il est difficile de les identifier à leur arrivée. Alors, on prend le parti d'inscrire leurs coordonnées directement sur la peau des malades.

Le jour du transfert vers les centres d'euthanasie, les autocars de la Gekrat (Gemeinnützige Krankentransporte) prennent en charge les malades avec leurs dossiers et leurs effets personnels. Les fenêtres des bus sont obstruées par des rideaux ou recouvertes de peinture sombre, afin que personne ne puisse les voir depuis l'extérieur. Les malades des asiles qui se trouvent dans les environs de Hartheim sont directement transportés en bus. Ceux qui viennent de régions plus éloignées font le voyage en train jusqu'à la gare de Linz, où les bus prennent le relais.

Au début de la mise en service du château de Hartheim, il ne s'écoule que quelques heures entre le moment où les malades quittent leur établissement d'origine et le moment où les restes de leurs ossements calcinés sortent du château pour être jetés dans le Danube. À partir de l'automne 1940, lorsque les malades passent par le centre de transit de Niedernhart, le délai est de huit à dix jours. Leurs conditions de (sur)vie dans ce centre sont horribles : pratiquement privés de nourriture, ils sont couchés à même le sol sur de minces matelas, dans des salles immenses.

À Niedernhart, le Dr Lonauer exécute de nombreux malades par injection. Renno s'occupe de l'organisation du transport jusqu'à Hartheim. Il compare les formulaires avec les documents médicaux remis par les directeurs des asiles. Il s'agit de contrôler si le malade a bien séjourné dans un asile depuis au moins cinq ans et de distinguer les condamnés des blessés de guerre.

L'aveu

Nous retournâmes encore à Bockenheim, où nous fûmes chaque fois reçus avec autant de chaleur que de bonheur. Nos échanges épistolaires et téléphoniques se poursuivaient. La lecture des lettres d'oncle Georg était pour moi un pur bonheur. Il ne se contentait pas de banalités ou de nouvelles de notre famille, mais abordait toujours de grands sujets comme la littérature, la musique, l'éducation des enfants – et, bien entendu, la médecine.

Souvent, il joignait à ses lettres des coupures de presse ou des livres, comme par exemple *Sag nicht Ja, wenn Du Nein sagen willst* («Ne dis pas "oui" si tu veux dire "non"») de Herbert Fensterheim et Jean Baer – et, avec le recul, ce titre sonne étrangement, puisqu'il me fut offert par celui qui acquiesça au pire alors même qu'il aurait dû dire «non»... Il n'oubliait aucun de nos anniversaires; à chaque Noël il nous envoyait des cadeaux ou des petits fours confectionnés par tante Hélène. Il nous gâtait comme si nous étions ses enfants.

Lors de nos visites, j'évitais soigneusement de parler de la guerre. Dans l'ignorance de ce qu'avait été son parcours à l'époque, j'estimais ne pas avoir le droit de le juger. En le voyant ainsi, si intelligent, si cultivé, si courtois et généreux, je n'arrivais pas à l'imaginer plongé dans la tourmente de l'Histoire, adhérant au parti national-socialiste par conviction.

Un soir, pourtant, nous fûmes amenés à parler de l'incorporation de force de mon père dans l'armée allemande. Oncle Georg n'avait plus revu mon grand-père après 1918 et n'avait pas connu mon père. Il se souvenait simplement d'une photo de lui en costume bavarois – la tenue que mon père mettait lors de ses randonnées en montagne.

Jusqu'alors, nous n'avions donc jamais abordé cette période. Quand je prenais le temps d'y réfléchir en profondeur, je me doutais bien qu'en dépit de son charme actuel il avait probablement été contraint, à l'époque, de devenir membre du parti nazi. Mais j'avais toujours rangé ces pensées tout au fond d'un tiroir mental ; j'éprouvais une sincère affection pour ce vieil homme qui m'avait permis de renouer avec mes racines, et je ne voulais pas le heurter... Après tout, chacun peut commettre des erreurs et l'essentiel est d'évoluer, de grandir en humanité tout au long de sa vie ; parfois, il faut une vie entière pour faire un homme, comme disait Malraux...

Aussi, pour évoquer avec lui la guerre et la manière dont les Renno d'Alsace l'avaient traversée, m'en tins-je à de prudentes généralités. Que pouvais-je lui dire de cette période, sinon ce que mes parents m'en avaient raconté, ce que j'en avais lu ?

Ou même ce que j'en avais vu, puisque j'avais, comme beaucoup de monde, visité le camp du Struthof ?

C'est alors que, tout à coup, l'oncle Georg nous déclara, avec une assurance sans faille et une sérénité inaltérable :

– Ne croyez pas tout ce que l'on vous dit ou tout ce que l'on peut lire, même dans les livres d'histoire... Beaucoup de choses ont été déformées ou inventées de toutes pièces... Les chambres à gaz n'ont jamais existé ! C'est de la propagande américaine !

Je sentis mon sang se glacer dans mes veines et je restai abasourdie, assommée. Le visage de Georg était blême et impassible. J'échangeai un regard avec Bernard : lui aussi était choqué. Comment ne pas l'être ? Comment un homme aussi intelligent, aussi brillant, pouvait-il espérer nous convaincre de l'inexistence des chambres à gaz, alors que le monde entier avait eu connaissance de centaines et de milliers de preuves et de témoignages ?

Ses paroles me choquaient d'autant plus que je ne lui avais absolument rien demandé. Mais, sans perdre de son assurance, il poursuivit :

– Ce sont les Américains qui ont fait circuler ces rumeurs sur l'existence de chambres à gaz pour discréditer le régime nazi ! Non, croyez-moi, tout ça n'a jamais existé...

Prenant mon courage à deux mains, je finis par lui répliquer timidement :

– Mais enfin, oncle Georg, excuse-moi de te contredire, mais il y a eu des témoins qui ont vu des choses, et qui en ont parlé... Je sais bien que je n'ai pas vécu cette époque, mais d'autres ont vécu cela et en ont témoigné...

– Tu sais, après coup, on peut faire dire n'importe quoi aux gens !

– Mais je l'ai vue, la chambre à gaz, au camp du Struthof !

– C'est trop facile de fabriquer de fausses preuves !

C'était un dialogue de sourds. Je notai que Georg avait attendu que son épouse et sa belle-mère fussent couchées pour aborder ce sujet. À cet instant, je pris conscience que mon oncle tant aimé avait en vérité toujours été un nazi convaincu. Aujourd'hui encore, il gardait férocement au fond de lui ce besoin de se défendre et de disculper le régime mortifère auquel il avait appartenu. Aujourd'hui encore, il pourrait être un parfait nazi !

Mais je ne savais pas encore à quel point il avait été un fidèle serviteur du Parti ; j'étais bien loin de connaître le rôle exact qu'il avait joué dans cette histoire-là. J'en étais pour le moment réduite aux questions – et incapable de les lui poser directement, pétrifiée que j'étais par ce que je venais de pressentir. Faisait-il simplement partie de ces êtres bornés qui jamais n'avoueraient leurs erreurs passées ? Ou bien avait-il été un pratiquant zélé d'une monstrueuse religion d'État qu'il n'aurait reniée pour rien au monde ?

Ce soir-là, j'étais encore bien loin de comprendre que la sinistre lézarde qui venait de s'ouvrir dans la belle façade de Georg Renno serait pour moi le point de départ d'une enquête terrifiante. J'ignorais encore que ce voyage au bout de l'horreur me conduirait à découvrir la double personnalité de celui pour qui j'avais encore de l'estime et même de l'admiration. Ce soir-là, je me sentais à la fois complètement vidée – et encombrée, jusqu'à la congestion, de questions qui désormais ne me laisseraient plus jamais en paix.

GRAINS DE SABLE DANS LA MACHINE

Alors que les corps n'ont pas encore fini de se consumer, les annonces de décès aux familles sont rédigées par les employées de bureau selon un schéma immuable : « Nous avons le regret de vous annoncer le décès de votre fils/fille/père/mère, etc. » Suit alors la cause du décès, que le médecin a inscrite sur le formulaire avant le gazage de la victime. Pour justifier la crémation, il est précisé que « pour des raisons sanitaires et en raison des risques d'épidémie, le corps a été incinéré sans délai ». Ces avis sont signés par Renno et Lonauer, parfois sous de faux noms : ainsi Renno signe-t-il « Dr Steinert »...

Les dossiers médicaux et les avis de décès sont ensuite remis à un service d'état civil spécial installé au château. Les employés de ce service inscrivent les décès dans un registre et établissent les actes de décès officiels, signés par les mêmes médecins – toujours sous de faux noms...

Il arrive que ces faux employés d'état civil commettent des erreurs. Souvent, plusieurs actes

Halbjährig melden — Blp.

Meldebogen 1

Ist mit Schreibmaschine auszufüllen!

Lfde. Nr. ....

Name der Anstalt: ....

in: ....

Vor- und Zuname des Patienten: .... geborene: ....

Geburtsdatum: .... Ort: .... Kreis: ....

Letzter Wohnort: .... Kreis: ....

ledig, verh., verw., gesch.: .... Konf.: .... Rasse:*) ....

früherer Beruf: .... Staatsang.: .... Wehrdienst, wann Kriegsteilnehmer: ja/nein (1914/18 od. ab 1. 9. 39)

Kriegsbesch. (auch wenn nicht mit Geisteskrankh. in Zusammenhang stehend) ja/nein

Wodurch ist Kriegsbesch. erwiesen und worin besteht sie? ....

Anschrift d. nächsten Angeh.: ....

Regelmäßig Besuch und von wem (Anschrift): ....

Vormund oder Pfleger (Name, Anschrift): ....

Kostenträger: .... Seit wann in dortiger Anstalt: ....

Woher und wann eingeliefert: .... Seit wann krank: ....

In anderen Anstalten gewesen, wo und wie lange: ....

Zwilling ja/nein .... Geisteskranke Blutsverwandte: ....

Diagnose: ....

Klinische Schilderung (Vorgeschichte, Verlauf, Zustandsbild; in jedem Falle ausreichende Angaben über Geisteszustand!) ....

....

....

sehr unruhig? ja/nein .... bettlägerig? ja/nein ....

Körperl. unheilb. Leiden: ja/nein (welches?) ....

Bei Schizophrenie: Frischfall .... Endzustand .... gut remittierend ....

Bei Schwachsinn: debil .... imbezill .... Idiot ....

Bei Epilepsie: psych. verändert .... durchschnittliche Häufigkeit der Anfälle ....

Therapie (Insulin, Cardiazol, Malaria, Salvarsan usw., wann?) .... Dauererfolg: ja/nein

Eingewiesen auf Grund § 51, § 42b StrGB. usw. .... durch: ....

Delikt: .... Frühere Straftaten: ....

Art der Beschäftigung (ins einzelne gehende Bezeichnung der Arbeit): ....

....

Dauernde/Zeitweise Beschäftigung; selbständiger Arbeiter ja/nein ....

Wert der Arbeitsleistung (nach Möglichkeit verglichen mit Durchschnittsleistung Gesunder): ....

Dieser Raum ist frei zu lassen.

....

....

....

....

.... Ort, Datum

....

Unterschrift des ärztlichen Leiters oder seines Vertreters.
(Ärzte, die nicht psychiatrisch-neurologische Fachärzte sind, haben dies zu vermerken)

*) Deutschen oder artverwandten Blutes (deutschblütig), Jude, jüdischer Mischling I. oder II. Grades, Neger (Mischling).

10407 41 2C

de décès de personnes originaires du même village, ou du même quartier, arrivent en même temps dans les familles respectives, avec la même lettre d'accompagnement et la même date de décès. Alors, forcément, les soupçons s'éveillent ; la population commence à douter...

Pour éviter ce type de désagrément, les services de l'état-civil répertorient les lieux d'origine des condamnés en les matérialisant par un fanion sur une carte. Ainsi, lors des décès de plusieurs personnes originaires du même lieu, il suffit d'indiquer des dates de mort différentes sur les actes officiels.

Par la suite, afin de brouiller les pistes et de camoufler davantage encore ces agissements criminels, le quartier général de l'action T4 donne l'ordre d'échanger les dossiers de Hartheim avec ceux de Grafeneck et Brandenburg. Dès lors, c'est de ces deux derniers lieux que les familles reçoivent les actes de décès de leurs proches, alors qu'en réalité ceux-ci ont trouvé la mort à Hartheim.

Pendant que des employés rédigent ces documents, les brûleurs remplissent les urnes de cendres ou de poussière d'os broyés. Le lieu de l'enterrement des urnes n'est consigné dans

DOKUMENTATIONSARCHIV DES ÖSTERREICHISCHEN WIDERSTANDES, VIENNE

Formulaire envoyé dès 1939 par le ministère de l'Intérieur du IIIe Reich aux institutions de santé pour recenser les malades mentaux, leur état et leur capacité ou non à travailler. Dans le cadre noir, en bas à gauche, le médecin du centre d'euthanasie où était transporté le malade indiquait la cause du décès, alors que le malade était encore en vie.

un registre que si celles-ci ont été réclamées par les familles. Dans le cas contraire, l'employé inscrit un simple trait en face de « lieu d'inhumation ». Les cendres restituées aux familles ne sont jamais celles de la personne dont le nom figure sur l'urne. Là aussi, des erreurs sont commises : certaines familles obtiennent deux urnes pour une seule personne. D'autres reçoivent une urne sur laquelle figure une date d'incinération antérieure à la date de décès. Le reste des cendres finit dans le Danube ou dans le fossé près du château.

Les effets personnels des victimes sont triés et mis en baluchon avec le nom du malade, puis envoyés à leurs institutions d'origine, où ils sont conservés durant six semaines. Si les familles ne les ont pas réclamés au terme de ce délai, les vêtements sont distribués à une œuvre du Parti.

Bien entendu, de l'employée de bureau à l'officier SS, le personnel de Hartheim n'hésite pas à se servir au passage, surtout lorsque sont exécutées des personnes originaires de territoires occupés et des Juifs, qui portent souvent sur eux des objets de valeur. Des habitants des environs voient parfois des membres du personnel du château se pavaner dans d'élégants manteaux de fourrure qui appartenaient aux victimes.

Un jour, Lonauer reçoit une lettre du Dr Eberl, de Brandenburg. Celui-ci se plaint que Renno diagnostique de façon trop systématique une tuberculose pulmonaire : cette dernière ne peut pas être invoquée comme cause de décès dans la moitié des cas ! Les familles, lui écrit son confrère, s'étonnent à juste titre de la mort de leur proche suite à une tuberculose survenue si subitement, alors qu'ils l'ont encore vu en si bonne santé, juste avant son transfert à Hartheim ! Elles se demandent si les médecins de Brandenburg ne sont pas incompétents parce qu'ils n'auraient pas décelé la maladie...

Eberl est vexé. La plainte monte jusqu'au quartier général de l'action T4 et à son responsable, Werner Heyde. C'est à la suite de ce différend qu'Eberl établit son fameux catalogue de causes plausibles de décès. En sa qualité d'expert éminent en la matière, il donne des instructions très précises à ses collègues de Hartheim afin que les causes de décès soient vraisemblables et au-dessus de tout soupçon.

Par une ironie grinçante, le Dr Renno, qui pose tant de fois le diagnostic de tuberculose pulmonaire, est lui-même atteint par cette affection au cours de sa sinistre carrière à Hartheim. À partir de février 1942, il séjourne plusieurs mois dans des sanatoriums et des maisons de cure, à Leipzig, à Sankt-Blasien, en Forêt-Noire, puis à Davos, en Suisse.

Un secret d'État

Ce 8 septembre 1993, à la bibliothèque de Fegersheim, je fus interpellée par le titre d'un livre collectif: *Les Chambres à gaz, secret d'État*. En le feuilletant, je découvris que les auteurs en étaient deux Allemands et un Autrichien. J'y cherchai une réponse à la question qui me taraudait depuis ce soir mémorable chez l'oncle Georg: que pensent les Allemands et les Autrichiens de l'existence des chambres à gaz?

Je me rendis à l'évidence: les auteurs de ce livre étaient aux antipodes de la position de Georg Renno. Bien au contraire, ils retraçaient en toute objectivité l'implacable déroulement de l'épisode le plus criminel de la Seconde Guerre mondiale. J'avais à présent la réponse que je cherchais: non seulement mon oncle mentait, mais il était susceptible d'être poursuivi pour négationnisme! Seulement, je ne comprenais toujours pas pourquoi il s'obstinait à nier l'existence des chambres à gaz.

Le lendemain, 9 septembre, je prenais mon petit déjeuner tout en lisant avidement ce livre, quand je tombai en arrêt sur une phrase anodine et sèche, parmi tant d'autres... Je ressentis comme un choc électrique, et ma tartine me resta en travers de la gorge. Oui, j'avais bien lu: «Le 10 septembre 1943, un certain Dr Georg Renno avait été nommé directeur d'un établissement de mise à mort de "malades incurables" à Hartheim.»

Je me refusais à croire qu'il s'agissait de la même personne, un demi-siècle auparavant... Certes, mon oncle s'appelait bien Georg Renno; effectivement, il avait été médecin et membre du parti nazi: tout cela faisait beaucoup de coïncidences! Mais je ne pouvais pas accepter que cet homme, que je connaissais sous un jour si favorable, ait pu jouer un rôle aussi écrasant dans la machine de mort nazie... Pourtant, on parlait bel et bien de lui dans un livre écrit par des historiens dignes de ce nom!

Mon thé avait refroidi et la confiture avait coulé sur la table. Je n'avais plus du tout faim. Dans ma tête, tout se bousculait. J'imaginais mon oncle, un homme d'une grande classe, d'une culture et d'une distinction rares, s'affairer parmi les bouchers et les bourreaux! Je me le représentais en uniforme SS, lui qui nous avait affirmé un jour n'avoir jamais porté cette tenue! Bref, sous le choc, mon imagination battait la campagne.

Tout à coup s'imposa à mon esprit l'image de mon père, incorporé de force, simple soldat souffrant de la faim et du froid, contraint de se battre en Russie, pauvre «Malgré-Nous» non seulement de la guerre, mais aussi de l'existence! Il était revenu meurtri dans sa chair et dans son âme de cette boucherie mondiale, au sein de laquelle un de ses cousins prospérait et faisait carrière, décidant en toute tranquillité de la vie et de la mort de milliers d'innocents.

Un irrépressible sentiment de révolte grondait en moi. Je décidai de vouer le temps de vie encore devant moi à faire toute la lumière sur le passé trouble de Georg Renno. D'abord, il me fallait savoir pourquoi il ne m'avait jamais parlé de ce passé-là. Ce nom que je venais de lire dans un ouvrage indiscutable écrit par des historiens était le mien, celui de mon père, de mes ancêtres, et il était impliqué dans une telle horreur !

Sans en informer l'intéressé, je me lançai à tâtons dans les dédales d'une véritable enquête policière, au cœur d'un univers d'horreur qui me devint de plus en plus proche. Jusqu'à m'y abîmer, à mesure que je brûlais sur la piste de Georg Renno. J'avais peur de tout ce que j'allais découvrir. Hélas ! J'étais très loin d'arriver au bout de mes surprises...

L'INDUSTRIE DE LA MORT

L'organisation T4 possède un relais de chasse à Weissenbach, au bord du lac Attersee. C'est une ancienne possession des Starhemberg, appelée « villa Schoberstein ». Cette résidence sert de lieu de villégiature aux responsables de centres T4. Au printemps 1941, Renno s'y trouve en vacances lorsque Werner Heyde lui rend visite. Il lui propose de participer au tournage d'un film de propagande nazie. Sur l'euthanasie, bien évidemment. Le film s'appelle *Dasein ohne Leben* (« Présence sans vie »).

– Tu présentes très bien, et tu parles notre langue à la perfection ! Tu es fait pour ; ce sera le rôle de ta vie ! sourit Heyde d'un air engageant.

Flatté, le jeune médecin accepte. Heyde le conduit sur les lieux du tournage à Sonnenstein, près de Dresde. La caméra accompagne l'élégant Dr Renno lors de ses consultations et de ses visites ; ses précieux commentaires sont recueillis comme des oracles. Malheureusement, le film n'est pas parvenu jusqu'à nous ; il n'a laissé que le souvenir d'un Georg Renno dont la docile autorité et la sombre prestance lui valurent d'être choisi pour vanter le meurtre des plus faibles.

Par une pesante fin d'après-midi du mois d'août 1941, un appel téléphonique du quartier général de l'action T4 de Berlin arrive au numéro Alkoven 9 – celui du standard du château de Hartheim :

– Arrêtez tout ! ordonne la voix métallique dans l'appareil.

– Comment ça ? s'exclame Renno, qui a pris la communication en l'absence de Lonauer.

– Ordre du Führer : il faut immédiatement stopper l'action !

Après avoir raccroché, Renno convoque le responsable des services administratifs.

– Que fait-on ? interroge Renno. Il y a trois bus de prisonniers en provenance de Mauthausen : ils sont en route pour Hartheim !

– On ne peut quand même pas tout arrêter comme ça, d'une minute à l'autre ! On réceptionne les trois bus comme d'habitude, on fait notre travail... On n'est pas obligé d'en informer Berlin !

À ce moment, l'action T4 a déjà tué plus de soixante-dix mille êtres humains – dont dix-huit mille pour le seul centre de Hartheim.

La renonciation de principe aux meurtres par euthanasie ne signifie pas l'arrêt des mises à mort.

L'établissement de Hartheim continue de fonctionner; mais sa mécanique infernale est désormais alimentée par d'autres filières. Après le nettoyage des asiles psychiatriques, la « désinfection » se poursuit : c'est le nom utilisé pour le gazage dans le cadre de l'opération « 14f13 ». Ce code désigne le gazage de malades et de prisonniers sélectionnés dans les camps de concentration. L'euthanasie des enfants ne fait pas partie de l'action T4.

À Hartheim, Georg Renno voit les activités du centre diminuer. Il lui arrive, après la surveillance des gazages, de prélever, dans la salle de dissection du château, des cerveaux de malades euthanasiés qui présentent des malformations particulièrement importantes. Puis il les met en bocal et les adresse à ses collègues des laboratoires de recherche. Après quoi, il s'en va prendre un verre au bar – si possible en bonne compagnie – avant de regagner sa chambre et de tirer des sons apaisants de sa flûte.

Au cours de l'été 1941, Heinrich Himmler élabore des plans visant à envoyer dans les centres d'euthanasie une autre catégorie de « patients » : les détenus des camps malades ou affaiblis, tous ceux qui sont irrémédiablement improductifs. Rudolf Lonauer rencontre en août le commandant Ziereis, qui dirige le camp de Mauthausen, et conclut avec lui des accords en conséquence. Désormais, ce sont des prisonniers de Mauthausen et de Gusen qui seront transportés au château, gazés et incinérés. La désignation des victimes incombe aux médecins des camps, en liaison avec Lonauer et Renno. Puis, au cours de l'hiver, à la commission médicale du plan T4.

En septembre 1941, Lonauer sélectionne à Dachau deux mille prisonniers qui seront exécutés à Hartheim. Le processus de travail à la chaîne mis au point au château de Hartheim pour les meurtres de masse devient un modèle du genre pour les camps de concentration et d'extermination. L'unité intégrée, comprenant chambre à gaz, dépôt mortuaire et crématorium, est transposée à grande échelle dans les centres de Treblinka, Sobibor, Belzec, Lublin-Majdanek, Auschwitz... C'est le début de l'euthanasie sauvage.

Pendant ce temps, le délicat Dr Georg Renno s'en va à Leipzig soigner ses maux d'estomac. À chacun ses fragilités ! En octobre 1941, il est nommé à la direction d'un service de pédiatrie à Waldniel, près d'Andernach, dans l'un des trente centres du Reich où se pratique l'euthanasie des enfants. Il est parfaitement informé de ce que sera son travail : l'élimination d'enfants handicapés de trois à cinq ans. Ses premiers malades, une quarantaine d'enfants de la région de Bonn, arrivent entre la fin 1941 et le début 1942.

Janus aux deux visages

La grande banalité de l'existence prend un tout autre goût quand on est taraudé par la soif de savoir ce qu'on n'était pas destiné à apprendre !

Dès le lendemain de ce jour de septembre 1993, je retournai à la bibliothèque et j'y raflai tout ce que je pouvais trouver sur les camps de concentration. Et plus particulièrement celui de Mauthausen, où, semblait-il, Georg Renno avait sévi. J'étais animée par la rage de savoir. Dans cette course folle contre l'ignorance, chaque nouvelle découverte et chaque étape, aussi anodines fussent-elles, étaient pour moi autant d'encouragements à persévérer. Jusqu'où ?

Un jour, je décidai d'informer mon oncle des découvertes que j'avais faites sur son passé. Je lui envoyai quelques photocopies de documents avec cette question insoutenable : « Est-ce bien toi ? » Dès qu'il reçut ma lettre, le vieil homme m'appela par téléphone. Sa voix était bien moins assurée que d'habitude, c'était celle d'un être irrémédiablement naufragé dans le grand âge. Il avait immédiatement compris tout ce qui avait changé entre nous. Et il ne nia pas :

– Oui, c'est bien moi, mais tout cela est si loin. C'est un passé enseveli. Certes, il y a des choses qui ont eu lieu ; mais, tu sais, la vérité a été transformée. Il ne faut pas croire tout ce qu'on lit dans les livres et les journaux !

Malgré moi, j'eus pitié de ce vieil homme effrayé.

– Tu sais, je ne veux surtout pas te nuire, si ça peut te rassurer... Je ne veux pas rompre nos relations et je crois que le mieux serait de ne plus jamais en parler...

Après avoir raccroché, je pris la mesure de mon hypocrisie. J'aurais tellement aimé le questionner à ce sujet, mais j'étais déchirée entre des sentiments contradictoires. Je brûlais d'envie de le faire parler de son passé, au risque de me fâcher avec lui... Mais je ressentais une telle pitié envers ce vieil homme que j'admirais encore, qui ne m'avait jamais fait de mal et à qui je ne désirais pas causer le moindre tort ! Ce jeune médecin de bonne famille, qui prononça le serment d'Hippocrate en cette funeste année 1933, s'était-il laissé piéger et engloutir par la formidable puissance d'inhumanité du IIIe Reich, dont nous sommes loin d'avoir épuisé toute la monstrueuse énigme ?

Je me trouvais devant deux personnages différents réunis en une seule personne. Celui que je connaissais sous son meilleur jour, et celui qu'il avait été. Comment avait-il pu poursuivre placidement le cours d'une vie sereine après toutes les atrocités commises à Hartheim ? Pouvait-on vraiment demeurer bon et généreux après tout ça ? Je n'arrivais pas à réunir les deux individus. Lui, le psychiatre, était un cas parfait de dédoublement de la personnalité. En était-il conscient ? Le moins que je puisse dire est qu'il avait su gérer le cours de son existence avec sang-froid et détermination.

Le seul moyen de venir à bout de ce questionnement incessant, de cette vertigineuse énigme, et de concilier les deux faces de Georg Renno, était d'écrire l'histoire de Georg Renno, et la manière dont elle est entrée en collision avec la mienne. Je décidai donc de mettre par écrit les avancées de mon enquête et les réflexions qu'elle m'inspirait au fur et à mesure, pour m'en libérer, en quelque sorte, et ne plus être seule à en porter le poids. Ce travail avançait très lentement, à vrai dire, tant j'étais paralysée face à l'ampleur de ma tâche, sous l'énormité oppressante de ce qu'il me fallait écrire. Je noircissais des pages sans parvenir à les articuler, à trouver un chemin de mots vers le cœur du drame. Tout autour de ma table de travail, les brouillons froissés nerveusement s'accumulaient.

Mais les questions n'en continuaient pas moins à s'entrechoquer dans mon esprit aux abois. Était-il convaincu d'avoir fait ce qui était juste dans sa situation ? Son intelligence supérieure lui avait-elle permis de survivre sans états d'âme et de se préparer à finir ses jours en toute sérénité ? Ainsi que je devais l'apprendre, d'autres éminentes personnalités de son entourage et de ce régime barbare n'ont pas eu ce sang-froid : elles se sont suicidées après que leurs agissements pendant la guerre eurent été mis au jour.

LERN- UND GEDENKORT SCHLOSS HARTHEIM

LA ROUE DU DESTIN

Franz Hödl est chauffeur en chef. Il dirige le parc automobile du château et conduit le car Mercedes gris, aux vitres teintées en bleu, qui transporte les convois de malades vers Hartheim. En octobre 1937, il a adhéré au Parti. En février 1938, il est devenu membre des SS. Il conduisait alors le bus postal sur le trajet Linz-Passau. Maintenant, il transporte des êtres

Sortie-détente du personnel du centre d'euthanasie de Hartheim, avec l'un des autocars qui servaient à acheminer les malades mentaux vers le « château de la mort ».

humains. Vers où ? Franz fait l'économie de ce genre de questionnement. Sur la route de Hartheim, il se contente de mesurer chaque jour le chemin qu'il a parcouru dans la société.

Tous les deux mois, le personnel est convié à des excursions ou à des séances de cinéma à Linz. Il faut bien se détendre ! Tous les frais sont pris en charge par l'administration du château. Pour ces déplacements d'agrément et de détente, l'administration utilise les autobus habituellement affectés au transport des malades – et dont Franz Hödl prend le plus grand soin. Il en bichonne la carrosserie et la mécanique avec des gestes attendris. Chacun s'attendrit sur ce qu'il peut...

Ce jour-là, il a juste le temps d'entendre une explosion. Et puis le volant lui échappe, le bus zigzague sur la route. Il parvient à grand-peine à le stopper et à descendre. Le pneu de la roue arrière droite a éclaté. En jurant comme un charretier, il cherche ses outils et demande l'aide des infirmiers. Mais ces derniers font la grimace et se détournent. Manifestement, ils ne sont pas très manuels. Soudain, un des malades se lève et fait de grands signes de la main. C'est un gaillard placide et affable. Comme personne ne le remarque, il s'approche de Franz et lui dit : « Je peux vous aider, je m'y connais... »

Hödl hésite un court instant. Lui laisser le cric et des outils en main ? Il examine l'individu avec suspicion. Sous ses paupières lourdes, l'homme offre au monde un regard aimable et un sourire soumis. Mieux : il rayonne du désir de se rendre utile. Franz Hödl s'y connaît, en hommes, depuis le temps qu'il en transporte. Soulagé, il accepte son aide et lui abandonne sa boîte à outils – il suffit de le garder à l'œil...

L'homme change la roue en un tour de main. Puis il retourne s'asseoir à sa place, avec un sourire de satisfaction aux lèvres. Le bus reprend sa route vers Hartheim. Arrivés au château, les malades sont emmenés au vestiaire. Dans son bureau, Renno attend sa cargaison en compagnie du personnel administratif. Hödl se présente, lui raconte la panne et l'intervention providentielle du grand type placide. Et il conclut en faveur de son protégé : « Finalement, je ne le trouve pas si débile que ça ! Il peut réellement travailler. Il nous a aidés à changer la roue, et il peut encore rendre des quantités de services... »

Renno décide de le libérer. Un employé en blouse blanche accompagne Hödl au vestiaire. Il relève le numéro inscrit sur la nuque du patient et lui donne l'ordre de se rhabiller. Pendant qu'il le ramène à Niedernhart, Hödl s'interroge : le grand gaillard est-il conscient qu'il vient ce jour-là de sauver sa vie, tout simplement parce qu'il a su changer une roue ?

L'obsession de savoir

À compter de ce jour, nos échanges se firent de plus en plus rares. Néanmoins, à six ou sept reprises, l'oncle Georg m'envoya des textes négationnistes sur Robert Faurisson, professeur à l'université de Lyon, poursuivi pour révisionnisme. Lors de nos rares échanges téléphoniques, il amenait toujours la conversation sur ce sujet et essayait de se justifier, en se présentant comme une victime forcée d'exécuter des ordres sous peine de sanctions sévères.

En 1997, il eut des problèmes de santé. Je n'avais plus de ses nouvelles depuis longtemps. Un jour, une de ses filles m'envoya un faire-part de décès. Le Dr Georg Renno s'est éteint le 4 octobre 1997 à l'âge respectable de quatre-vingt-dix ans. Il est parti sans souffrance et en toute sérénité, après avoir pu «jouir d'un agréable soir de vie», ainsi qu'elle me le confia par courrier.

Mais cette fin ne constituait en aucun cas une délivrance pour moi. Plus que jamais, il me fallait connaître le destin, la vie et la personnalité de cet homme. Maintenant qu'il n'était plus de ce monde, je me sentais l'esprit plus libre pour ma quête de vérité. Désormais, quoi que je puisse découvrir sur son passé, je ne pouvais plus ni lui faire de la peine ni lui causer du tort. J'étais de plus en plus passionnée par ma recherche. Il ne s'agissait plus uniquement d'un membre de ma famille, mais d'un personnage qui avait joué un rôle dans une des pages les plus sombres de l'histoire exterminatrice du IIIe Reich.

Un rôle, certes; mais lequel précisément? Je m'adonnai à une véritable boulimie de documents, achetant ou consultant tous les livres sur cette période – et plus particulièrement sur les camps de la mort, la médecine nazie et les médecins SS.

Dans un premier temps, j'appris que Georg Renno avait exercé son horrible activité au château de Hartheim, non loin du camp de concentration de Mauthausen. Il me fallait retrouver les traces de Georg Renno sur les lieux mêmes où il avait vécu. Je voulais apprendre quelles avaient été ses responsabilités et de quels actes précis il s'était rendu coupable. Cela devint comme une obsession: savoir, savoir, savoir! Il fallait que j'aille à Mauthausen!

LERN- UND GEDENKORT SCHLOSS HARTHEIM

Le château de Hartheim fut transformé en centre d'euthanasie avant la guerre. Le drapeau nazi y flottait fièrement.

SECONDE PARTIE

Retour à Hartheim

« Si l'expérience du personnel du château de Hartheim peut finalement nous apprendre quelque chose, c'est que des hommes et des femmes soumis à la coercition et craignant pour leur sécurité sont capables d'accomplir consciencieusement n'importe quelle tâche, et, en conséquence, d'apporter une contribution non négligeable à la parfaite exécution des plans de leurs supérieurs. Il en ressort également que, placés dans cette situation, les gens parviennent à garder bonne conscience en se persuadant que, s'ils ont coopéré, c'était sous contrainte, et malgré eux. »

Gordon J. Horwitz
Mauthausen, ville d'Autriche 1938-1945

Mauthausen, ville d'Autriche

En mai 1998, je pris donc la route pour l'Autriche.

Mauthausen est une charmante petite ville, proprette comme un schilling neuf, blottie au bord du Danube, à vingt-quatre kilomètres de Linz, entourée de douces collines et de champs qui chatoyaient au soleil du printemps. La ville était connue depuis longtemps pour ses carrières de granit. Mauthausen avait été l'un des plus importants fournisseurs du granit utilisé pour la construction de ponts et de nombreux édifices de Vienne.

En mars 1938, le Reichsführer-SS Heinrich Himmler inspecta les carrières. À quelques kilomètres à l'ouest de la ville, dans un cadre verdoyant et légèrement vallonné, elles étaient accessibles aussi bien par la voie ferrée que par la voie fluviale: c'était le site idéal pour créer un camp de concentration. Mauthausen devint effectivement l'un des camps les plus tristement célèbres du IIIe Reich. Et c'est là que je me suis rendue; drôle d'endroit pour des vacances de printemps...

Devant moi se dressait une impressionnante forteresse en granit. Le cœur battant, je franchis le portail. L'odeur âcre qui montait du lieu évoquait pour moi des cadavres empilés et des nuits sans lune – et je ne pus m'empêcher de penser à ces dizaines de milliers de prisonniers qui franchirent ce seuil fatal. Je foulai le sol imprégné du sang de tous ces innocents, et mon pas était accablé comme celui d'une aïeule ployant sous une charge de trois générations. Mais non, ce n'était que l'exhalaison d'un feu de branchages et d'herbes qu'un paysan avait allumé non loin de là...

J'avais chaud. Le ciel bleu et le soleil éclatant de cette belle journée de mai avaient quelque chose d'indécent dans ce lieu de souffrance : je ne connais rien de plus accablant que le bleu inaltérable et la lumière crue d'un ciel de printemps sur un paysage de tragédie. Je passai plusieurs heures à visiter le camp, des baraquements à l'infirmerie, de la prison aux cuisines, de la blanchisserie à la chambre à gaz et aux fours crématoires, déchiffrant chaque texte, scrutant chaque photo.

Je me rendis également à la carrière où des milliers de prisonniers avaient travaillé tous les jours à extraire de la roche, et son tristement célèbre « escalier de la mort ». Il s'agit d'un gigantesque escalier de cent quatre-vingt-six marches qui descend dans la carrière, que les déportés devaient emprunter pour se rendre sur le lieu d'extraction et en remonter de lourds blocs de pierre. Une fois au fond de la carrière, on se trouve devant une immense muraille de granit. De nombreux prisonniers périrent ici, écrasés par les blocs de pierre qui se détachaient de la paroi.

Ces impressionnants murs de pierre brute s'élevant au-dessus de la carrière étaient appelés « le mur des parachutistes » : c'est du haut de ces parois que les gardiens précipitaient les détenus, soit en les poussant dans le vide, soit en attachant plusieurs prisonniers les uns aux autres et en ordonnant au premier de cette « cordée » de sauter, entraînant ainsi ses compagnons dans sa chute.

Au camp de Mauthausen, je n'appris pas grand-chose sur Georg Renno, sinon qu'il avait surtout sévi au château de Hartheim, à quelques kilomètres de là. Avant de quitter le camp, je fis l'acquisition de quelques livres et documents susceptibles de m'apporter des indices supplémentaires pour la suite de mon enquête. Un titre notamment me sauta aux yeux : *Die Pyramiden von Hartheim* de Walter Kohl. Je l'achetai. Avec le poids de ces livres dans mon sac (et sur la conscience), je pris la route de Vienne, où je comptais passer quelques jours, histoire de me changer les idées.

Toutes ces images d'horreur se bousculaient dans mon esprit, avec leur sillage de questions sans réponse : comment des êtres humains peuvent-ils se comporter avec une telle cruauté envers d'autres humains ? Il ne s'agissait pas d'un seul meurtrier ou d'un seul détraqué, mais de centaines, voire de milliers d'individus qui acceptèrent d'éliminer leurs semblables pour la seule raison qu'ils étaient malades, juifs ou tziganes. J'en avais l'estomac noué et le cœur serré. J'étais révoltée ; je n'arrivais toujours pas à croire que mon oncle ait pu être impliqué dans une telle monstruosité.

Arrivée à mon hôtel à Vienne, je me plongeai sans tarder dans le livre de Walter Kohl. J'y demeurai immergée durant la plus grande partie de la nuit. Ce livre contenait de nombreuses réponses aux questions qui me taraudaient. Walter Kohl, écrivain et journaliste autrichien, avait mené une enquête minutieuse sur les tragiques événements de Hartheim, en se basant sur de nombreux documents et témoignages. Un an avant mon voyage, en 1997, il était allé interviewer le Dr Renno, dont il venait de retrouver la trace, dans un centre de rééducation à Mettlach, en Sarre, où il se trouvait à la suite d'une opération de la hanche... C'est dans ce livre que je découvris l'ampleur de l'implication dans les exécutions de masse de celui pour qui j'éprouvais tant d'admiration.

Je pris contact avec l'Association du château de Hartheim, dans l'intention d'aller le visiter. Mais j'appris qu'une partie du château faisait fonction de logements sociaux depuis les inondations du Danube en 1954: de nombreuses familles avaient alors dû quitter leur maison pour être relogées au château. Aujourd'hui, quelques salles seulement étaient accessibles au public. En souvenir des trente mille êtres humains qui y trouvèrent la mort, elles avaient été transformées en 1969 en lieu de commémoration.

La main à la plume

En avril 1997, je lus dans *Les Dernières Nouvelles d'Alsace* un entrefilet annonçant une conférence du journaliste-écrivain Ernst Klee, à la Stadthalle de Kehl, sur le thème de l'assassinat des handicapés physiques et mentaux sous le IIIe Reich. « Il parlera principalement des criminels et de leur carrière et présentera de nouveaux documents d'archive concernant ces "médecins sans scrupules" ayant officié en Alsace. »

J'avais, hélas, un empêchement, aussi écrivis-je à l'hebdomadaire *Die Zeit* pour obtenir les coordonnées de Klee. Celui-ci me répondit le 12 juillet pour m'annoncer la publication prochaine de son livre intitulé *Auschwitz, die NS-Medizin und ihre Opfer.*

Je me débattis encore avec mon manuscrit jusqu'à cette fatidique année 1999, au cours de laquelle, à force de tension nerveuse et de découragement, je finis par me rendre à l'idée que je n'arriverais jamais seule à bout de ce chantier d'écriture. Ainsi, 1999 fut pour moi un chemin de croix, mais ce fut aussi l'année d'une rencontre et d'une résurrection.

Cette année-là, tout le monde attendait la grande éclipse, annoncée pour le 11 août. Peu avant cette date, je tombai en arrêt sur un article des *Dernières Nouvelles d'Alsace* consacré à une femme écrivain public spécialisée dans la rédaction de biographies. Elle rédigeait aussi des thèses et des mémoires pour les étudiants. Muriel Klein-Zolty était l'unique écrivain public professionnel installé à Strasbourg. « Mon rôle, disait-elle, est d'écouter des personnes qui n'arrivent pas à coucher leurs pensées sur le papier et de les aider à les mettre en mots. Je soulage les paralysés de l'écriture. »

En voyant sa photo, j'éprouvai comme un sentiment d'excitation : c'était la solution rêvée à mes insomnies, à mes papiers en bataille, à mon angoisse de la page blanche. Enfin, quelqu'un allait pouvoir donner corps au livre improbable que je portais en moi ! Quelqu'un qui allait me dire si ça valait le coup de continuer ou non. Il fallait absolument que je la rencontre. Je notai son numéro de téléphone, et nous nous fixâmes rendez-vous.

Muriel occupait un modeste bureau au troisième étage d'un immeuble de la rue des Francs-Bourgeois. La seule touche décorative des lieux était un tableau représentant un papyrus couvert de hiéroglyphes, et quelques photos noir et blanc. L'ameublement se limitait à un bureau sur lequel s'empilaient des dictionnaires, à une petite bibliothèque dont les étagères croulaient sous les classeurs et les livres, ainsi qu'à un ordinateur et à un fax. Muriel était brune, menue et discrète dans son pull aux tons pastel. Son regard, derrière ses lunettes à fine monture, était réservé. Notre premier contact s'établit d'emblée sous le signe de cette réserve mutuelle. Mais je ne tardai pas à m'animer, à mesure que je lui racontais mon aventure.

– Votre histoire n'est pas ordinaire, me fit-elle en ôtant ses lunettes.

– Je voudrais juste l'écrire pour ma famille...

– Mais cette histoire n'est pas seulement la vôtre, me coupa-t-elle. Elle n'appartient pas qu'à vous, et elle doit être rendue publique. Il faut que le monde puisse savoir que des individus comme votre oncle ont existé. Il faut que vous fassiez connaître les résultats de votre enquête.

– Mais je n'ai pas envie de révéler à tout le monde mes secrets de famille !

C'est alors qu'elle me fournit l'explication de son insistance :

– Je suis juive. Mes deux grands-pères, Hugo Fonyo et Moszek Zolty, sont morts en déportation. Moszek était d'origine polonaise. Il a été déporté à Auschwitz. Et il est mort à Mauthausen.

Je sentis tout à coup comme un indicible secret me lier, au-delà des mots, à cette jeune femme hantée par l'absence de ses deux grands-pères et qui, comme moi, cherchait sa mémoire. Je n'étais pas simplement venue demander des conseils d'écriture à une prestataire de service : je représentais le bourreau et elle la victime !

Nous nous revîmes pour quelques séances de travail, étalées jusqu'en juillet 2002. Elle m'aida à dégrossir mon manuscrit, à le découper en chapitres et à y rétablir la concordance des temps. Grâce à cette rencontre, je sentais ma démarche investie désormais d'une gravité nouvelle : il s'agissait pour moi de gagner peut-être le pardon de ma famille en mettant sur la place publique, avec l'aide de cette femme qui était dans le camp des victimes, les méfaits commis par l'un des miens.

Est-ce qu'un seul des descendants de bourreaux nazis a pensé un jour demander pardon aux familles des victimes ? C'est, depuis cette rencontre, la question qui me hante et dont la charge fait ployer mon écriture balbutiante et l'emporte jusqu'au bout d'elle-même. Pourrai-je un jour par ce livre laver le nom des Renno et faire œuvre de vie ?

ROUAGES D'UNE FOLIE ORDINAIRE

Parmi les quatre-vingts personnes travaillant au château (médecins, SS, gardiens, infirmiers, employés de bureau, photographes, coursiers, chauffeurs de bus), on distingue deux types de personnalité. D'une part, une minorité d'individus cruels et sadiques, à qui la torture et le meurtre ne posent pas le moindre problème de conscience. D'autre part, une majorité d'exécutants consciencieux et dévoués, membres de longue date du Parti, aux yeux de qui la volonté du Führer légitime tout... Même si le travail qu'on leur confie les dégoûte, ces derniers n'ont ni le courage ni la force de caractère de résister : pour eux, il s'agit avant tout de conserver la position sociale acquise et les privilèges qui vont avec.

Renno fait partie de la seconde catégorie, tout comme son supérieur, Lonauer. Désobéir à l'autorité qui leur assure une situation enviable ? Pour quoi faire ? De toute manière, dressés comme ils le sont à obéir, l'idée ne les effleure sans doute même pas...

De par sa fonction de directeur des services administratifs à Hartheim, le capitaine SS Christian Wirth assiste généralement aux «examens médicaux», aux côtés de Lonauer et de Renno. C'est à lui qu'incombe la responsabilité d'établir les documents après le décès des malades, d'informer les familles, de faire parvenir les cendres aux proches qui en font la demande. Il est également chef de la police et responsable des opérations de camouflage et des procédés en tous genres garantissant le respect du secret absolu quant à la nature exacte des activités du château.

Connu pour sa vulgarité et son sadisme, Wirth a été nommé à Hartheim parce que le lieu était, à ses débuts, une «porcherie indisciplinée», ainsi qu'il aime à le dire. Aussi est-il rebaptisé *der wilde* Wirth («le sauvage»). Il est craint aussi bien du personnel du château que des habitants d'Alkoven, qu'il menace d'exécution, de camp de concentration ou de gazage, au cas où il leur prendrait la fantaisie de faire circuler la moindre rumeur sur les activités de Hartheim.

Vinzenz Nohel se souvient de son arrivée au château, le 2 avril 1940. Avec d'autres recrues, il a prêté serment de garder le silence sur tout ce qui se passe au centre. Il a aussi juré d'obéir à tous les ordres. Quelques jours plus tard, les nouveaux venus sont réunis autour de Wirth, qui leur explique leur tâche:

«Il nous faut construire des fours crématoires où seront brûlés les malades mentaux. Les médecins examineront les malades afin d'établir ce qui peut être sauvé et ce qui ne le peut pas... Ce qu'on ne peut pas sauver finira dans le four! Les malades mentaux ne sont rien d'autre qu'une charge pour l'Allemagne. Nous ne voulons que des individus en bonne santé. Avant tout, pour chacun d'entre vous, il s'agit de se taire. Celui qui ne sait pas tenir sa langue finira en camp de concentration ou sera fusillé... »

Souvent, Wirth intervient personnellement dans la mise à mort des malades. Ce printemps 1941, les bus amènent à Hartheim des femmes, malades mentales, atteintes de typhus. Wirth demande qu'on lui amène celles qui sont le plus gravement atteintes. Elles sont nues, debout l'une à côté de l'autre. Wirth dégaine son revolver et les abat d'une balle dans la nuque. Nohel et deux brûleurs emportent les corps pendant qu'une infirmière nettoie le sang sur le sol. Les autres femmes sont emmenées dans la chambre à gaz, après la procédure habituelle. Lonauer est furieux et le fait savoir à Wirth :

– Je ne saurais tolérer un tel comportement ici ! C'est inqualifiable !

– Où est le problème ? rétorque Wirth, glacial. Je n'ai fait qu'isoler ces malades le plus rapidement possible, pour éradiquer tout risque de contamination...

Pesant le rapport de forces, Lonauer n'insiste pas. À quoi bon s'aliéner cette brute épaisse ? L'incident est clos, et Wirth persiste dans sa férocité et sa brutalité. Il se montre particulièrement odieux envers le personnel féminin. Quand le Dr Georg Renno se rend au bureau des secrétaires pour utiliser une machine à écrire (et badiner), il est témoin des manières frustes, pour le moins martiales, du capitaine SS envers les personnes du sexe dit opposé : « Je peux me souvenir que Wirth se conduisait quelquefois trop militairement envers les sténographes, ainsi qu'avec l'ensemble du personnel [...] et que le personnel se plaignait de lui auprès du Dr Lonauer[1]. »

Volontiers grossier avec les femmes, Wirth se montre aussi impitoyable envers les hommes. Quand l'un d'eux montre des signes de fléchissement au travail, se disant par exemple incommodé par l'odeur de cadavre brûlé, il lui fait donner une bouteille de schnaps – son remède favori. Si l'employé persiste dans ses velléités de lâcher son travail, Wirth menace de le faire fusiller ou interner en camp de concentration.

Le capitaine Wirth se fait un malin plaisir de rejeter systématiquement toutes les demandes de mutation des membres du personnel écœurés par ce qu'ils font, voient ou devinent. Si les employés insistent pour quitter le château, il n'hésite pas à recourir à des menaces plus explicites : invariablement, il voue le personnel récalcitrant au peloton d'exécution ou au camp de concentration – et ses paroles sont prises très au sérieux, car Mauthausen n'est pas loin... Pour le personnel terrifié de Hartheim, le capitaine Wirth est l'incarnation physique de la machine de mort nazie.

1. Déclaration du Dr Georg Renno, 31 octobre 1961, citée par Gordon J. Horwitz, *Mauthausen, ville d'Autriche 1938-1945*, p. 127.

De son côté, le SS-Standortarzt Herbert Ferdinand Heim, médecin attaché au camp de Mauthausen, s'ingénie à effectuer sans anesthésie des interventions chirurgicales très sophistiquées et parfaitement inutiles sur des patients absolument sains. Il leur injecte du benzène, un poison utilisé comme solvant et insecticide, pour mesurer leur aptitude à supporter la douleur et leur temps de survie ; et ses interventions se terminent immanquablement par la mort de ces cobayes humains dans d'atroces souffrances... Ses dissections, on s'en doute, ne sont pas pratiquées uniquement dans un but scientifique. Une fois, il retire pour rien l'appendice à deux Juifs avant de les abandonner à leur agonie.

Ce Styrien à la carrure particulièrement impressionnante sélectionne des prisonniers qui présentent une dentition parfaite. Après avoir ouvert le ventre de ses « patients » au cours de ses interventions chirurgicales de sinistre mémoire, il les décapite lui-même puis fait bouillir leur crâne pendant plusieurs heures – jusqu'à ce que les chairs s'en détachent. Il aime offrir ces trophées comme décoration de bureau à ses amis et collègues.

Parmi ces derniers, Lonauer et Renno s'intéressent de près à ses opérations expérimentales. Pourtant, les patients et les collaboratrices de Georg Renno s'accordent à le considérer comme un médecin dévoué, amical et humain, ayant à cœur le bien de l'humanité... Que peut-il avoir de commun avec un Herbert Heim, que l'on surnomme « le boucher de Mauthausen » ?

La porte du grand silence

En juillet 2003, sur le conseil de l'éditeur que mon histoire avait intéressé, j'entrepris un nouveau voyage à Hartheim. Nous partîmes en voiture, Bernard et moi, avec notre labrador, Awacs ; nous avions troqué la vaillante 4 L de nos débuts contre une rutilante berline bavaroise. Nous passâmes la nuit du 14 au 15 à l'hôtel Goldener Adler à Linz, charmante cité touristique assoupie au bord du Danube – mais ce n'était qu'un lieu de passage pour moi, qui n'avais pas le cœur à jouer les touristes.

Quelques semaines auparavant, j'avais pris un premier contact téléphonique avec l'écrivain Walter Kohl. Sans l'ombre d'une hésitation, il avait accepté de me rencontrer pour parler de Georg Renno, de l'entretien qu'ils avaient eu – et de tout ce qu'il savait sur Hartheim. Au cours de cette conversation, j'avais appris qu'il avait écrit un second livre consacré à Renno et à l'interview réalisée avec lui : *Ich fühle mich nicht schuldig* (« Je ne me sens pas coupable »), dont le titre lui avait été inspiré par une phrase prononcée par Renno. Je m'étais empressée de compléter ma documentation par cet ouvrage.

J'avais rendez-vous tôt le matin avec Walter Kohl à la réception de mon hôtel. Dès qu'il fut annoncé, nous le fîmes monter. Je vis un quinquagénaire décontracté et soigné, en tee-shirt rayé, barbu, au regard vif derrière ses grosses lunettes.

– Merci d'être venu ! lui dis-je en m'efforçant à la légèreté.

– Je suis prêt à vous rendre service, répondit-il dans le même registre.

– Qu'est-ce qui vous a motivé pour vous lancer dans une telle entreprise ? lui demandai-je, pressée d'entrer dans le vif du sujet.

– Une commande de mon éditeur, tout simplement ! sourit-il. En fait, j'ai longtemps hésité à honorer cette commande. Peut-être étais-je encombré de trop de souvenirs d'enfance...

Posément, il m'expliqua qu'étant originaire de la région, il avait passé ses vacances de gosse, après la guerre, chez ses grands-parents qui habitaient un village non loin de Hartheim. Avec ses camarades, il faisait des promenades à bicyclette dans la campagne environnante, et souvent ils rôdaient autour du château. Cette bâtisse exerçait sur eux une fascination horrifiée. Ils avaient tous entendu dire que des choses horribles s'y étaient passées... Pour ces enfants, le château était empreint de mystère ; la tragédie leur semblait suinter de ces vieilles pierres.

Une fois adulte, Walter Kohl, sur l'insistance de son éditeur, se lança dans l'écriture de *Die Pyramiden von Hartheim.* C'est dans le cadre de ce travail qu'il demanda à Renno de lui accorder cette interview en juillet 1997, et Renno avait accepté la visite de Kohl...

– Pourquoi a-t-il éprouvé le besoin de vous raconter ce qu'il avait réussi à taire si longtemps ? lui demandai-je encore.

– Est-ce parce qu'il sentait sa mort venir ? répondit rêveusement Kohl. Peut-être voulait-il mettre tout cela en ordre et alléger sa conscience avant de disparaître...

Si même Walter Kohl, qui avait pu s'entretenir avec lui de ces problèmes, en était réduit aux hypothèses, comment pourrais-je résoudre l'énigme, moi qui n'avais pas osé, de son vivant, lui poser les questions qui me hantaient ? Il fallait m'y résoudre : une part du mystère de l'oncle Georg m'échapperait à tout jamais.

La porte du grand silence s'était refermée sur Georg Renno, et je devais accepter de ne jamais savoir ce qui l'avait guidé autrefois dans sa collaboration avec l'horreur nazie, ni ce qui poussa cet être complexe et multiple à se confesser avant de mourir. Si l'on n'emporte rien avec soi, lui est parti avec ses tragiques secrets, me laissant confrontée à mes questions – et face à l'obsédante intensité de ce qui désormais me résistait. Mais je commençais à m'aguerrir, et je n'allais pas abandonner aù moment où je touchais au but !

Pèlerinage à Hartheim

Ce 15 juillet, vers 10h30, Walter Kohl et nous étions attendus au château.

Nous prîmes la route de Hartheim. Le petit bourg est situé à une vingtaine de kilomètres à l'ouest de Linz. Nous longeâmes d'abord la rive droite du Danube. Le temps était magnifique, le paysage romantique à souhait avec ses belles collines boisées et ses demeures assoupies dans la quiétude d'un été majestueux ; il ne manquait que la musique de Strauss, et l'on aurait pu se croire dans un décor d'opéra.

Mais je n'avais pas le cœur à profiter de la beauté du paysage ni à chanter. J'avais l'estomac serré et l'angoisse m'étreignait la gorge : qu'allais-je découvrir à Hartheim sur mon oncle Georg ?

Alkoven. Combien de fois avais-je lu le nom de ce village dans les ouvrages consultés ? Dans ma mémoire, c'était un petit village avec des fermes, de petites maisons noyées dans une grisaille et une brume de tristesse – et ces nuages de cendres qui écrasaient les consciences verrouillées... Mais non,

DR

Mireille Horsinga-Renno lors de sa visite au château de Hartheim, en été 2003, sur les traces des méfaits de son grand-oncle.

c'était une pimpante petite ville fleurie, comme toutes les petites villes autrichiennes, résonnant du rire des enfants qui jouaient et s'amusaient sans souci du lendemain, sous l'évidente clarté du soleil des vivants !

Et puis Hartheim : quelques bâtisses éparpillées, comme des cubes oubliés sur un terrain de jeux déserté par les enfants... Mais où étaient les bambins ? Et d'où venait cette sensation de fragilité, comme si tout, autour de nous, avait été en verre ? Il me semblait qu'un souffle, un rire ou un éternuement aurait suffi à renverser ces jolies maisons, et à faire voler en éclats ce paysage serein, baigné de lumière.

Nous traversâmes une voie ferrée, et le château nous apparut au détour d'un virage, inondé de soleil. Devant lui s'étendait une large pelouse, grande étendue de rires et de joies ingénues où des enfants s'amusaient à passer sous le jet d'eau de l'arrosage automatique. « Voilà l'innocence du monde retrouvée », pensai-je. Pour un peu, je me serais sentie propre et neuve rien qu'à les regarder...

Sur le parking, quelques voitures et un car de tourisme. Comme tout cela avait un air insistant de vacances, de douceur et d'insouciance ! Pour les touristes du car, il ne s'agissait que d'une étape de plus au cours d'un circuit tout confort, en ce temps où l'on consomme du voyage, de la culture et du dépaysement à bon compte, comme on change de chaîne à la télévision... Pour moi, il s'agissait de bien autre chose que de la visite d'un monument historique – mais de quoi, au juste ?

J'avais prévenu l'administration du château de notre venue. Notre guide, Catherine, jeune femme avenante et sensible, perçut mon malaise. Avant de franchir le portail principal, Walter Kohl me montra la fenêtre au premier étage de la tour de droite : c'est là que se trouvait la chambre de Renno. C'est là que, pendant quatre ans et demi, il joua de la flûte le soir, pour se délasser après une journée passée à envoyer des innocents à la mort.

Après le portail, nous nous trouvâmes dans la cour intérieure entourée d'arcades. Les murs, les fresques : tout était propre, net, repeint. Herbert Friedl, l'artiste qui avait contribué à l'aménagement de ce lieu de mémoire, avait mobilisé de nombreux symboles pour rappeler aux visiteurs le sinistre passé du château. Ainsi, au fond de la cour, là où se trouvait jadis le mur de planches entre les arcades, il avait érigé des panneaux en fer qui, à la manière d'un code-barres, signifiaient qu'ici la personne humaine avait été traité comme une marchandise. Le code-barres représentait le nombre « 1940 », l'année de mise en œuvre du programme d'extermination massive.

Notre guide nous conduisit vers ce qui était autrefois l'abri en bois où les bus déchargeaient les malades. Le hangar avait disparu. Les cloisons en bois avaient été remplacées par des panneaux en fer et en verre – le fer pour symboliser la froideur et la cruauté des bourreaux, et le verre pour la fragilité des condamnés. Gravés dans le verre, les noms des lieux d'origine des milliers d'innocents passés par là – et perdus corps et âme.

L'épreuve

Nous parcourûmes une à une les salles des ailes nord et est du château comme les avaient parcourues les hommes, les femmes et les enfants des convois, près de soixante ans auparavant. Des documents et des photos sur les murs rappelaient l'horreur de ces années 1940-1945. Dans la salle où les malades étaient accueillis, des panneaux en verre, accrochés au mur, égrenaient les noms des victimes. Plus loin, je visitai le bureau où les médecins Lonauer et Renno examinaient une dernière fois les « candidats » à la mort, et le coin où certains « cas intéressants » étaient photographiés avant d'être exécutés.

Nous arrivâmes à l'entrée de la chambre à gaz. Catherine sentit mon émotion :

– Ça va pour vous ? s'enquit-elle. Souhaitez-vous poursuivre la visite ?

– Ne vous en faites pas. Nous continuons la visite.

Mon cœur chavirait, mon estomac se révulsait, mais j'étais déterminée à aller jusqu'au bout de ma démarche. Pas question de flancher. À l'endroit de la chambre à gaz, de la morgue et du four crématoire, il n'y avait plus que des salles vides : les Allemands avaient tout démonté avant l'arrivée des Américains. Mais l'atmosphère demeurait pesante, oppressante. Et des traces persistaient : les empreintes au sol du carrelage qui recouvrait la chambre à gaz, l'ouverture dans le mur par où passait le tuyau de gaz, le réduit où se tenait le médecin pour tourner le robinet, l'emplacement de la porte au judas permettant de guetter le travail de la mort.

Les lieux me semblaient imprégnés de la terreur de tous ces innocents que l'on entassait là comme du bétail mené à l'abattoir. Si ces murs, me disais-je, pouvaient restituer tous ces cris, libérer toutes ces larmes, avec l'odeur du gaz, des chairs brûlées et de la mort, de quelle insondable douleur ne hurleraient-ils pas, telles les trompettes d'un Jéricho moderne ! Mais ils demeuraient désespérément silencieux, d'une blancheur clinique, presque immaculée.

Il faisait chaud, mais je frissonnai. Je me retirai dans la salle qui servait de lieu de recueillement. Au centre de la salle se trouvait un cube en verre d'environ un mètre de côté, empli de galets du Danube et de son affluent, la Traun. C'est dans les eaux de ces deux rivières que furent jetés les restes des victimes. Avant de retourner dans la cour où m'attendaient mon mari, Walter Kohl et notre guide, j'essuyai rapidement les larmes qui coulaient sur mes joues.

Mon cœur était sur le point d'éclater, mon estomac se tordait en spasmes violents, le sang cognait dans ma tête. J'étais en colère, j'étais déçue, j'avais honte, j'avais pitié, j'étais désespérée. Je ne pouvais plus trouver de circonstances atténuantes à Georg Renno. Mais pourrais-je un jour le haïr ?

Face à l'innommable

Dans l'aile sud, à une quinzaine de mètres du crématorium, se trouvait la cuisine. À côté, une salle d'eau, attenante à la salle de dissection. Puis le cellier. Entre le vestiaire et la salle d'accueil, il y avait la chambre froide, de sorte que les cuisiniers, pour y chercher de la nourriture, devaient se frayer un chemin au milieu de la masse de malades qui attendaient leur exécution.

Le premier étage abritait les bureaux et la salle à manger. Aux deuxième et troisième étages s'alignaient les chambres occupées par le personnel. Quelques pièces du deuxième servaient de dépôt où l'on entassait les objets ayant appartenu aux victimes. Environ soixante-dix personnes avaient été affectées à Hartheim à l'exécution de l'action T4. Elles habitaient pour la plupart au château. Une telle promiscuité entre les « candidats » désignés pour la mort et ceux qui « aidaient » leur passage n'existait dans aucun autre centre d'euthanasie du Reich.

L'exécution de masse faisait partie de la vie quotidienne de tous ceux qui vivaient et travaillaient au château, elle s'incorporait à leur être et se lovait au cœur de leurs fonctions vitales. Compte tenu de la topographie du lieu, il était absolument impossible d'éviter ou d'ignorer ce qui s'y passait – faute de pouvoir fermer ses yeux et boucher ses narines, il ne restait plus au personnel qu'à verrouiller, de gré ou de force, sa conscience...

Notre visite terminée, nous prîmes congé de notre guide. Walter Kohl devait retourner à Linz l'après-midi. Nous profitâmes du déjeuner, dans le jardin d'un petit restaurant non loin de Hartheim, pour échanger nos impressions – fort embrumées et enfumées en ce qui me concernait, car dans ma confusion j'allumai cigarette sur cigarette. Le cliquetis du briquet hérissait chaque fois mes nerfs à vif.

J'avais toutes les peines du monde à mettre de l'ordre dans mes sensations. Chacune de mes paroles, comme ouatées de brume, me coûtait des efforts incroyables. Comment m'arracher à cette écœurante sensation de bitume qui m'engourdissait ? Contre ces marécages où je m'engluais, tenter de parler, de partager ! Pour extirper le mal par les mots...

– Votre oncle, me dit Walter, était quelqu'un qui me semblait étranger à toute haine. Jusqu'au bout, il a gardé sa dignité. Et quand il s'affaissait dans son lit d'hôpital, assailli par le doute ou le remords, il en prenait aussitôt conscience et tentait de se redresser. Loin de m'apparaître comme un signe d'arrogance, cette façon de s'arc-bouter était finalement touchante. On le sentait fragile et on avait presque envie de le prendre dans ses bras pour le consoler. Enfin, c'est ce que j'ai éprouvé durant ces trois jours passés avec lui...

– Vous croyez qu'il vous a tout dit ? m'enquis-je sans trop d'illusions.

– Bien sûr que non. Chaque vie humaine est close sur ses petits secrets, et il a gardé les siens. Jusqu'au bout.

– Sauf que les siens n'étaient pas anodins. D'autres n'y ont pas survécu. Lui, il a prouvé qu'on peut vraiment survivre à tout !

Après le départ de Kohl, je retournai au château. Je fis une nouvelle fois la visite pour m'imprégner encore de l'atmosphère dont je voulais surtout ne rien oublier. Le château, si propret, me semblait totalement aseptisé, comme lavé de toutes les souffrances dont il avait été le théâtre. C'était comme si on venait de changer les langes d'un gros poupon.

À 15 heures, j'avais rendez-vous au deuxième étage avec Magdalena Bogner, du service de documentation, qui fit preuve de tact et de compassion face à ma souffrance. Nous nous entretînmes longuement ; elle me montra de nombreux documents et photos de l'époque qui étaient depuis peu en possession du centre. Ils avaient été confisqués en juin 1945 par Charles H. Dameron, qui dirigeait le War Crime Investigation Team Nr 6824 de l'US Army. Fin 2002, les services de documentation de Hartheim en avaient fait l'acquisition auprès des archives américaines. Pour compléter mon édification, j'achetai encore quelques livres à la réception du château avant de quitter Hartheim.

Désormais, je savais ce qui s'était passé en ce lieu. Mes yeux avaient vu, et chaque fibre de mon corps avait vibré. Je connaissais en détail la responsabilité de mon oncle. Après toutes ces années d'enquête, le puzzle se reconstituait. Avec toutes ces informations éparses, j'allais enfin pouvoir raconter le Dr Georg Renno et son action criminelle au service d'un régime totalitaire. Je n'avais pas de récit d'horreur à écrire. Encore moins un livre d'histoire, un de plus, sur la machine de mort nazie.

J'avais seulement découvert un cadavre dans ma famille. Et il m'appartenait désormais d'en prendre le plus grand soin. Comme si c'était le mien. Pour ne plus jamais oublier de quoi l'être humain est capable. Pour parier aussi qu'autre chose est possible. Toujours, nous avons le choix, même si ce qui nous guide est parfois obscur. Pourquoi choisit-on de prendre une direction plutôt qu'une autre, à tel moment perdu de sa vie ? Qui serais-je aujourd'hui si, au lieu de revenir à Strasbourg pour me marier, j'étais restée à Cologne ? Que serait devenu le Dr Renno s'il avait refusé son poste de médecin de l'action T4 à Hartheim ? Dans l'un et l'autre cas, je ne serais probablement pas en train d'écrire cette histoire.

Il avait fallu ce voyage à Hartheim pour que j'en prenne pleinement conscience : ce que je me devais de raconter, c'était cette rencontre improbable, sur le fil généalogique que j'avais entrepris de remonter vers ceux qui portèrent mon nom, avec l'innommable...

FÊTES CRUELLES

La convivialité n'est pas un vain mot à Hartheim. Les repas sont tous pris en commun. Les médecins chefs et les responsables administratifs attachent une grande importance à ces moments festifs où toute l'équipe se retrouve autour de la grande table en U de la salle à manger.

Christian Wirth préside les agapes. À sa gauche se trouve le médecin chef Rudolf Lonauer. En l'absence de ce dernier, c'est Renno qui prend place à côté de Wirth. Si des visiteurs viennent au château, ils sont placés à la droite de Wirth. Le reste du personnel dirigeant est placé selon un ordre hiérarchique. Tous les jours, au cours du déjeuner, Wirth fait un discours, que tous redoutent.

Les harangues de Wirth sont tristement célèbres pour les flots de vulgarité, de haine gratuite et de grossièretés inutiles qu'ils charrient : « À bas les bouffeurs inutiles ! » ou bien « Les sensibleries à l'égard de ces gens me font gerber... »

Il arrive parfois que le raffiné Dr Renno prenne ouvertement ses distances avec Wirth et ses manières frustes, s'attirant les regards furibonds de ce dernier. Face à l'élégant médecin, la brute peine à trouver ses mots. Ah, si les regards pouvaient tuer... !

Le capitaine Wirth est de toutes les festivités. Et pas seulement à Hartheim. Ainsi, en cette torride journée d'août 1941, il participe à la cérémonie macabre donnée à l'occasion du dix millième cadavre passé par l'Institut d'extermination Hadamar de Francfort.

L'ensemble du personnel est réuni dans le couloir. Chacun a une bouteille de bière à la main. Tous les esprits sont chauffés à blanc, tandis que les visages s'empourprent, à mesure que les tenues se débraillent et bâillent sur les abîmes de l'humain. Il y a aussi des invités triés sur le volet, des huiles du Parti qui ne sont pas en reste de vulgarité.

En procession, tout le monde se rend à la cave. Un cadavre masculin nu est allongé sur le divan comme une pauvre chose abandonnée – et inhabitée. Le préposé au crématorium met le corps sur une civière, qu'il glisse dans le four, pendant qu'un employé déguisé en prêtre déclame un simulacre d'oraison funèbre :

– Alléluia, voilà encore un parasite qui s'en revient Te chatouiller les narines, ô Seigneur ! Il ne polluera plus la surface de la planète...

– Un de moins à nourrir ici-bas ! répond l'un ou l'autre officier. Saura-t-il se montrer un bon convive au banquet céleste ? Saura-t-il se tenir à table et Te faire rire, Seigneur ?

OBERÖSTERREICHISCHES LANDESARCHIV, FOTOSSAMMLUNG

Fête du personnel au château de Hartheim. Les milliers de meurtres de handicapés, gazés puis brûlés au four crématoire, n'empêchent ni la bonne humeur, ni les beuveries, ni la bagatelle. Le Dr Renno est au milieu, en uniforme nazi.

Et la joyeuse assemblée de s'esclaffer, d'entonner des chansons de soudards ou des hymnes nazis. Au cours de cette orgie perverse, sordide surenchère dans la déshumanisation où Wirth se distingue comme à l'accoutumée, chacun singe une caricature de bénédiction en direction du cadavre qui se consume – tandis que, dans un coin, certains vomissent, non de dégoût devant l'horreur ainsi infligée à l'un de leurs semblables, mais de surdose alcoolique.

Au beau milieu d'une de ces soirées mémorables, Renno est contraint de quitter ses compagnons de beuverie : un convoi de malades mentaux vient d'arriver en gare de Linz. Un médecin de Hartheim est requis, sans délai, pour faire le tri entre ceux qui transiteront par Niedernhart et ceux qui seront envoyés directement au château.

Lonauer charge Renno de se rendre à Linz. Le chef des transports de Mauthausen, le SS Wilhelm Steinmann, conduit Renno de Mauthausen à la gare de Linz. Il fait nuit noire, et les deux hommes ont beaucoup bu. Steinmann s'endort au volant ; sa voiture quitte la route à vive allure. Ils se retrouvent dans un champ. Steinmann parvient à reprendre le contrôle du véhicule et à le remettre sur la route.

En gare de Linz, c'est un Renno ivre qui sélectionne parmi les handicapés ceux qui devront monter dans le bus pour Hartheim. À peine une heure plus tard, Renno et Steinmann reprennent la route pour Mauthausen, où ils achèvent de se saouler au mess des officiers. Ils sont les invités du tristement célèbre Dr Herbert Heim. Pour faire honneur à leur hôte, ils ont obligé des détenus espagnols du camp à leur couper les cheveux et se sont pomponnés comme des marionnettes.

UNIVERS PARALLÈLES

La liste des visiteurs du château est un véritable *Who's who* de l'organisation T4 : tout le gratin de la Chancellerie s'en vient honorer le domaine de Lonauer, considéré comme un modèle d'efficacité. Le jeune médecin est flatté. Mais il y a des visites qu'il apprécie bien moins : celles des contrôleurs T4. Comme des oiseaux de mauvais augure, ils arrivent sans prévenir et nichent au château durant deux à trois semaines. D'abord, ils épluchent méticuleusement la comptabilité et les finances de l'établissement-pilote. Ils s'intéressent aussi aux cartes de rationnement récupérées sur les condamnés, qu'ils ne manquent pas de saisir.

Les politiques sont bien entendu des hôtes de marque au château. Lonauer et Renno leur servent personnellement de guides. Ils sont tout particulièrement intéressés par la chambre à gaz, le crématorium ainsi que la salle de dissection. Ils assistent aux gazages, qu'ils observent par le judas de la chambre à gaz, et se fendent de quelques commentaires d'une froideur clinique, gestionnaire.

Certains hauts personnages comme le ministre de l'Intérieur, Wilhelm Frick, ont droit à des « gazages de démonstration » spécialement organisés en leur honneur. C'est ainsi que le Gauleiter de haute Autriche, August Eigruber, assiste à plusieurs reprises à l'exécution de malades mentaux dans la chambre à gaz de Hartheim.

Un cocktail clôt la visite, durant lequel les visiteurs louent le travail du centre et complimentent les médecins. Vraiment, tout le monde travaille bien au service de la machine de mort qui broie un monde que d'aucuns croyaient civilisé.

Le Dr Georg Renno aime ce qui brille. Il passe pour se vanter de sa « noble origine française » et francise son nom en « Renaux ». Il en tire beaucoup de fierté lors des réceptions qui réunissent la haute société nazie et les dirigeants SS de Mauthausen. Ces moments de répit sont précieux, car les soirées au château, après le travail, sont sinistres : entre les longs couloirs vides, arpentés jusqu'au bout de l'horreur niée jour après jour, la cheminée du four crématoire encore fumante, les SS et les préposés au four cuvant leur schnaps, l'ennui est implacable.

Une fois leur sinistre besogne accomplie, Lonauer retourne chaque soir à Linz, auprès de sa femme et de ses filles, tandis que Renno regagne sa chambre. Dans la solitude de sa tour, il joue de la flûte. Il joue pour les invités de passage ou tout seul, pour lutter contre l'oppressante morsure de l'angoisse, qui lui déchire la gorge, pour couvrir les aboiements de l'horreur, les jappements du néant. Il joue pour conjurer le pire...

La femme du médecin chef Lonauer, Maria Hofer, est une nazie convaincue. À l'instar de nombreuses épouses de dignitaires nazis, elle nourrit les plus grandes ambitions pour son mari, dont la réussite lui permet de fréquenter les élites du régime. Selon le témoignage de Renno, Lonauer est très dépendant de son épouse, tout en manifestant une jalousie et une possessivité féroces. Dans ses lettres, il lui interdit de sortir le soir, de rencontrer d'autres hommes, alors que lui-même n'hésite pas à abuser de sa position dominante pour contraindre les jeunes employées du centre à passer dans son lit – d'où il les chasse après usage, quand il s'en lasse.

Hélène H. est la secrétaire de Lonauer. À son arrivée à Hartheim, elle entame à belles dents une trentaine entreprenante, dont elle ferait, dit-on, un commerce intéressé auprès des élites du Parti. C'est ainsi qu'elle aurait obtenu ce poste bien rémunéré au château. Elle n'hésiterait pas à nouer des relations très intimes avec quiconque est susceptible de faire progresser son avancement. Et c'est donc tout naturellement que l'élégant Dr Renno, à la carrière prometteuse dans l'appareil du Parti, se trouve dans sa ligne de mire...

Avant, elle était comptable dans une société de levure de boulangerie à Linz. C'est Gustav Adolf Kaufmann en personne, de la Chancellerie du Führer, qui l'a recrutée. Elle l'a rencontré en 1938, grâce à son frère qui est SA-Sturmführer.

Maintenant, elle dirige un bureau de quatorze employées, et elle se sent importante. Le centre de Hartheim a un besoin vital de secrétaires pour assurer la correspondance quotidienne avec les autorités de Berlin, les fonctionnaires des cimetières – et pour envoyer, ultime étape du processus de bureaucratisation du meurtre, les avis de décès aux familles des victimes. Elle pousse même l'investissement personnel jusqu'à participer au déshabillage des prisonniers.

Tout comme l'alcool, le sexe fait partie des distractions usuelles dans le centre. La proximité de la mort appelle le défoulement orgiaque, la négation de Thanatos par Éros... La femme de Renno vient rarement au château. Le médecin est jeune. Et le personnel féminin de Hartheim est choisi selon sa jeunesse et son potentiel d'attractivité.

Dans ce contexte, la rumeur au château prête à Hélène H. une liaison avec Georg Renno – et un fils né de cette liaison. Mais on dit beaucoup de choses au château, où les vivants glissent à côté des morts – ou de ceux qu'ils vont mettre à mort – dans des univers irrémédiablement parallèles, où les unes auront joué à être la petite musique de nuit des autres, avant de vieillir ou de mourir loin les uns des autres.

L'HEURE DU CHOIX

L'application du programme d'euthanasie exige bien évidemment la «compétence» de médecins. Bouhler, Reichsleiter de la Chancellerie, et Brandt, le médecin personnel de Hitler, dressent une liste de praticiens dont les qualifications et les convictions leur semblent appropriées. Parmi eux se trouve le Dr Hermann Paul Nitsche, titulaire de la chaire de psychiatrie et de neurologie à l'université de Halle. Devenu directeur de la section médicale de l'organisation, il recommande personnellement son confrère et ami Georg Renno, qui a exercé sous ses ordres à la maison de santé de Leipzig-Dösen.

À l'été 1997, Renno racontera à Walter Kohl comment il a été sélectionné: «Et moi, je ne m'étais pas encore décidé lorsque je reçus une convocation pour Berlin: vous devez vous présenter mardi à la Chancellerie du Führer, à telle adresse. Nitsche leur avait déjà communiqué mon nom. Et c'est ainsi que la machine s'est mise en route. Et il n'y avait plus moyen de l'arrêter.» Le Dr Renno, on le sait, est un homme qui ne sait ni ne veut dire non au Führer. D'ailleurs, qui s'y risquerait ? À Kohl, il croit bon de préciser : « En réalité, j'aurais dû dire non, mais je n'en étais pas capable et c'est ainsi que j'ai glissé dans cette affaire. »

Lors de cette réunion, Brandt et Bouhler font part aux médecins sollicités des mesures d'élimination envisagées, en leur précisant que Hitler se refuse à promulguer une loi et exige le secret absolu. Cependant, on leur donne l'assurance qu'ils seront à l'abri de toute poursuite pénale. Avant sa prise de fonction, on demande à chaque médecin s'il est prêt à collaborer. Aucune contrainte n'est exercée. Ceux qui décident d'accepter doivent confirmer, sous serment, qu'ils ont été instruits de l'obligation d'observer le secret.

Ces médecins sont, pour la plupart, des hommes jeunes, entre vingt-six et trente-trois ans. Ils n'ont que peu d'expérience, sont issus de milieux bourgeois et ont adhéré très tôt au Parti. Ils se voient proposer, pour leur nouvelle mission, une rétribution mensuelle de mille cinq cents Reichsmarks, soit le double d'un salaire en milieu hospitalier. Presque tous les présents à cette réunion acceptent et se déclarent prêts à s'engager.

Outre les avantages financiers et les perspectives d'avancement, la fierté de participer à un projet secret, ainsi qu'une certaine conception de l'obéissance et une dose de résignation jouent sans doute un rôle décisif dans leur décision. Les refus sont rares : par exemple, le professeur Ewald, neurologue de Göttingen, exclut catégoriquement de collaborer. Tout comme le Dr Hölzel, qui refuse en ces termes, par courrier du 20 août 1940: «C'est pourquoi, malgré toute la compréhension intellectuelle et la bonne volonté de ma part, je ne puis éviter la constatation que ma nature personnelle ne convient pas à ce travail.»

LE VISITEUR DE NOËL

Ce soir de Noël, le SS Emil Reisenberger est de permanence au château. Il n'y a rien à faire; le temps n'en finit pas de ne pas passer... La succession de convois s'est interrompue, et presque tout le monde est rentré en famille pour les fêtes. Pour ne pas rester seul au château, le soldat a demandé à l'un de ses amis de Linz de venir lui tenir compagnie. Les deux hommes boivent beaucoup et parlent de tout, de rien – et surtout de la guerre.

– Mais, dis-moi, en quoi consiste exactement ton travail au château? s'enquiert le visiteur.

– Euh, je ne suis pas autorisé à te le dire, balbutie Reisenberger.

– Donc, c'est vrai ce qu'on raconte à l'extérieur? insiste l'ami de passage.

– Et que raconte-t-on à l'extérieur? demande Reisenberger, de plus en plus blême.

– Il paraît qu'au château on gaze les débiles...

Reisenberger se ferme comme une huître. Intrigué par ce silence soudain, l'ami insiste. Alors, Reisenberger prend une décision:

– Viens, je vais te montrer quelque chose...

Il l'emmène dans le local où sont stockées les bonbonnes de gaz. Le visiteur reste sans voix. Soudain, Reisenberger se met à parler. Comme soulagé de pouvoir enfin s'épancher auprès de quelqu'un de l'extérieur, il explique tout : les tuyaux, les manomètres, les compteurs...

Quelques semaines plus tard, Renno convoque Reisenberger dans son bureau. Le bon docteur l'accueille avec le regard glacé du praticien prenant les mesures d'un prochain cadavre en vue d'une dissection – son sourire détaché a l'éclat sombre d'une mauvaise intention plongée dans une solution antiseptique... Il le soumet à un véritable interrogatoire de police.

– Votre visiteur du soir de Noël a parlé de tout ce qu'il a vu et entendu ici, Herr Reisenberger. Il a été tellement bavard que la Gestapo en a été informée. C'est très fâcheux pour vous...

– Mais je n'ai jamais parlé à quelqu'un d'extérieur au château ! se défend Reisenberger, livide.

– Ni vous, ni moi, ni le Reich n'avons davantage de temps à perdre, dit Renno. Vous avez parlé, pourquoi vous obstiner à le nier ? J'ai fort à faire, et je n'ai que trois heures à vous accorder pour réfléchir et me faire vos aveux. Pas une de plus ! Parlez, qu'on en finisse ! Sinon, je vous fais interner en camp de concentration. *Verstanden ?*

Renno sort et laisse le pauvre Reisenberger seul dans son bureau. L'homme se sent pris au piège et ne voit pas d'issue à sa situation. Sauf une... Alors, il prend son couteau et s'ouvre les veines. Trois heures après, Renno revient dans la pièce et trouve Reisenberger baignant dans son sang. Il le fait hospitaliser à Linz.

Reisenberger passe six mois entre divers hôpitaux. Convoqué au quartier général de l'action T4 à Berlin, il est ensuite renvoyé à Hartheim. S'il n'a pas été interné en camp de concentration, c'est à l'exceptionnelle mansuétude de Rudolf Lonauer qu'il le doit.

DERNIERS SOUBRESAUTS

En 1944, la victoire des Alliés semble inéluctable. Au mois d'octobre, le quartier général de l'opération T4 dépêche des employés à Hartheim. Leur travail consiste à faire disparaître les dossiers médicaux et les photos. Les baraquements annexes sont démontés – mais les gazages poursuivis jusqu'en novembre.

Le personnel quitte le château à la mi-décembre. Des prisonniers de Mauthausen sont chargés de démolir les installations de mise à mort. Le carrelage de la chambre à gaz est enlevé, le four crématoire démonté, les portes murées, la cheminée détruite. Les travaux durent jusqu'à la mi-janvier 1945. Le matériel démonté est stocké derrière le château, les objets encore utilisables disparaissent. Les habitants des environs s'empressent de récupérer des plaques du four crématoire, du carrelage, du bois, des tuiles et même des bocaux. À Alkoven et dans les environs, plus d'une maison sera réparée avec du matériel récupéré de l'ancien centre d'euthanasie.

Pour parfaire le camouflage, le château est transformé en centre pour l'enfance de l'action sociale de la région. Soixante-dix enfants y sont accueillis, ainsi que dix religieuses et deux enseignants. Le 1er janvier 1945, Hélène H. est nommée responsable de ce nouvel établissement. Elle habite au château avec son jeune fils et sa mère, à la grande indignation des habitants des environs de Hartheim.

Les Alliés sont informés du programme d'euthanasie mis en place par le régime nazi. Mais ils considèrent la question comme une affaire interne à l'Allemagne. Jusqu'au jour où ils découvrent que des prisonniers de camps de concentration ont été exterminés dans ces centres d'euthanasie, dans le cadre de l'opération T4.

Le général américain George S. Patton ordonne au War Crime Investigation Team Nr 6824, placé sous la direction du major Charles H. Dameron, de mener une enquête sur des meurtres commis sous le couvert de ce programme d'euthanasie. Les investigations commencent en juin 1945. Elles aboutissent à la découverte du document désormais connu sous le nom de *Statistiques de Hartheim*.

LES MAILLES DU FILET

Au cours de l'automne 1944, la femme de Renno quitte son poste de médecin de la société Semperit à Baden et rejoint son mari à Hartheim, accompagnée de ses filles. Quelques mois plus tard, la famille réunie s'installe à Weissenbach, dans une petite maison louée à deux dames âgées.

Renno est malade des poumons. Il part en cure à Davos, du 10 février au 15 avril 1945. Puis il retourne à Weissenbach, où des Américains viennent le trouver. C'est un Renno impassible qui les accueille, leur offre à boire, et leur exhibe le certificat d'état civil de son arrière-grand-mère, laquelle s'appelait... Katharina Eisenhauer! Un nom qui ne manque pas de produire son effet, et dont est d'ailleurs issu le célèbre patronyme Eisenhower.

Renno est aussi à l'aise avec les vainqueurs du jour qu'il l'était, la veille, avec les élites nazies. Lorsqu'il leur apprend sa qualité de médecin, les Américains lui demandent de se mettre au service de la population et des blessés de guerre.

– Mais avec le couvre-feu, il me sera difficile de circuler pour soigner les malades, rétorque le bon Dr Renno.

– *This man is doctor, let him pass for day and night!* (« Cet homme est médecin, laissez-le passer jour et nuit ! ») ordonne l'officier à ses subordonnés.

C'est ainsi que l'habile Dr Renno obtient une autorisation de circuler sans restriction. Il reste à Weissenbach jusqu'en juillet 1945. Entre-temps, sa femme est partie se réfugier chez ses parents, à Aschaffenburg, avec les filles. Profitant de son laissez-passer, Renno va s'installer chez ses beaux-parents, la famille Kinck. Dans cet après-guerre de tous les dangers, il manifeste, par son sang-froid, sa ruse et sa détermination, une remarquable aptitude à la survie. Une obsession le guide : passer entre les mailles du filet...

Après avoir déchiré puis brûlé à demi sa pièce d'identité, afin de la rendre illisible, il se fait établir de « vrais-faux papiers » au nom du Dr Georg Reinig, né le 10 février 1910 à Ludwigshafen – en allemand, le verbe *reinigen* signifie « nettoyer, purifier ». Puis il quitte Aschaffenburg pour Bockenheim. À chaque poste de contrôle, « Reinig » exhibe l'extrait d'état civil de son arrière-grand-mère Eisenhauer. Installé à Bockenheim, il continue à exercer la médecine en effectuant des remplacements dans différents cabinets médicaux lorsque ses confrères sont en congé ou en maladie. Son premier remplacement est celui du Dr Walter, prisonnier des Anglais, en 1946-1947.

Jamais l'ordre des médecins allemand ne songe à demander au « Dr Reinig » un quelconque justificatif – ne serait-ce qu'un diplôme ou une autorisation d'exercer. Jamais la société Schering, fabricant de produits pharmaceutiques, ne songe à demander à son « collaborateur scientifique » la moindre référence – il est vrai qu'elle a elle-même fourni aux autorités nazies un produit destiné à stériliser les femmes qu'on ne souhaitait pas autoriser à se reproduire. Pour cette société, le « Dr Reinig » visite les cliniques de Homburg, Mayence, Ludwigshafen et Mannheim. Puis il dirige un service de recherche, avant de redevenir en 1955 le Dr Renno.

Il en fait la demande aux autorités policières de Bockenheim, justifiant sa fausse identité par la crainte d'être, en sa qualité d'ancien membre du parti national-socialiste, l'objet de poursuites. Il présente un acte de naissance et ses diplômes de médecin, et se fait accompagner de trois amis (un médecin, un haut fonctionnaire et une kinésithérapeute) qui se portent garants de ses dires. Il retrouve ainsi son identité, sans autre forme de procès. Ni la direction ni le personnel de Schering ne manifeste le moindre étonnement lorsqu'il présente ses diplômes sous son vrai nom.

Cette année-là, les époux Renno divorcent. Georg se remarie avec Hélène Michel, une veuve de guerre qui est la fille de la propriétaire de la maison où il est domicilié. Sa seconde épouse travaille également chez Schering. Le parcours de mon oncle Georg pendant les années d'après-guerre est empreint d'une déconcertante facilité, qui lui assurera, plus d'un demi-siècle encore, une vie paisible, sans remords ni trouble-fête.

LA JUSTICE IMPUISSANTE

En 1961, la justice rattrape Georg Renno. Le parquet de Linz a saisi en mai l'administration judiciaire de Ludwigsburg chargée des crimes nazis, et des recherches ont été lancées sur le territoire allemand.

Georg Renno est arrêté à son domicile le 25 octobre 1961. Au lendemain de son arrestation, il fait appel à l'avocat qui fut l'un des défenseurs de son ancien collègue Werner Heyde. La tactique de défense qu'ils élaborent est élémentaire : d'abord nier, puis faire porter la responsabilité sur ceux qui sont déjà morts. Mais ces deux procédés ne sont pas suffisants pour emporter la conviction du tribunal. Alors Renno a recours à la bonne vieille méthode employée par tant d'autres avant lui : la maladie.

Dès le début de l'enquête, sa santé se dégrade : tuberculose oculaire, problèmes pulmonaires et cardiaques, et troubles cérébraux. Le 1er novembre 1961, son avocat présente par courrier l'état de santé de son client en termes volontiers outranciers, évoquant des « douleurs quasi insupportables ». Le 18 janvier 1962, Renno échappe à la détention préventive grâce au versement d'une caution. Le 26 mars, il part en cure dans un établissement spécialisé dans le traitement des affections des yeux.

Le 29 juin, le médecin chef de l'établissement adresse une lettre au juge d'instruction en charge du dossier, expliquant que « l'épreuve d'une détention entraînerait des risques importants ». « Il est indéniable que des conditions de vie éprouvantes risqueraient de ranimer une inflammation latente », conclut-il. Le Dr Renno reste en liberté ; les épreuves de l'opprobre public lui sont épargnées.

Le 1er février 1965, un juge l'interroge à nouveau. Au cours de cet interrogatoire, il reconnaît avoir ouvert les robinets de gaz à la suite de l'incident où le préposé avait raccourci le temps de gazage. Il dit l'avoir fait « un certain temps », afin de prévenir de nouveaux incidents de ce genre...

Un nouvel interrogatoire est prévu le 15 février, mais le tribunal reçoit un autre certificat médical. Le commandement de gendarmerie demande aux services médicaux de l'État d'examiner le malade. Le Conseil supérieur de médecine rétorque que cela n'est pas possible : tout le personnel est en cours de vaccination contre la poliomyélite. Le 22 février, un médecin du tribunal examine Georg Renno à son domicile : il ne trouve rien qui puisse justifier une incapacité à comparaître. Le 24 février, Renno est à nouveau interrogé... avec ménagement.

Le 7 novembre 1967, l'acte d'accusation est prêt. Mais le procès ne débute que le 20 août 1969. Le 11 mars 1970, Georg Renno ne se présente pas au cinquante-deuxième jour d'audience. Un de ses avocats explique que son client a été hospitalisé le matin même à Ludwigshafen, pour être opéré d'une appendicite.

Selon la législation de l'époque, il n'est pas possible d'interrompre les audiences durant plus de dix jours, sous peine de devoir reprendre la procédure depuis le début. En clair : Renno doit se présenter impérativement dans les dix jours. Il s'en garde bien. Alors, le tribunal décide de se rendre à son chevet à l'hôpital, le 16 mars, afin de respecter le délai de rigueur. Le 13 mars, Renno est examiné par un médecin expert du service de santé de Ludwigshafen, qui le déclare apte à supporter une audience « courte, et avec ménagement pour le malade ». Mais, au matin du 16 mars, l'état de santé de Renno s'aggrave : il a 39 ° de température, son pouls s'est accéléré. Il est considéré comme inapte à comparaître.

En cette même année 1970, Georg Renno a pris sa retraite. Il touche une pension de l'entreprise Schering, ainsi qu'une pension de fonctionnaire pour la période de 1933 à 1945, où il a officié comme médecin des services de l'État. Durant sa carrière de « médecin de la mort » à Hartheim, il est resté employé de l'État du Land de Saxe, et son salaire lui a été versé par l'institution de Leipzig-Dösen jusqu'à la chute du IIIe Reich.

Le 25 mars 1970, la procédure judiciaire contre le Dr Renno est suspendue provisoirement... puis définitivement abandonnée le 19 décembre 1975. Disculpé de fait, il vivra encore plus de vingt ans, pensionné de l'État et en bonne santé.

« *Il faut bien un jour tirer un trait* »

En 1988, Georg Renno reçut la visite d'un photographe de l'ORF, la télévision autrichienne, en vue de la préparation d'un film sur le château de Hartheim. Les photos prises à ce moment-là montrent un retraité en pleine forme s'activant de bon cœur dans son jardin.

– Je suis malade du cœur, se plaint le vieil homme à la main verte, j'ai quatre-vingts ans passés ; ça fait quarante ans qu'on me ressasse tout ça, encore et toujours. Pourquoi ? Je pense qu'il y a bien d'autres soucis par les temps actuels...

Le film fut diffusé le 2 novembre 1988 par l'ORF, sous le titre *Sterben und Leben im Schloss* (« Vivre et mourir au château »). Dix ans plus tard, je contactai la télévision autrichienne pour faire l'acquisition d'une copie de ce documentaire. J'y découvris le château tel qu'il était en 1988 : une bâtisse plutôt mal entretenue, faisant office de logements sociaux pour des familles modestes. Quelle vie pouvait être celle de ces gens, dans une demeure chargée d'une telle histoire, dont les murs étaient imprégnés d'une telle souffrance ?

Tandis que la caméra visite les lieux, une voix off retrace les événements dont le château a été le théâtre durant la guerre. Le commentateur demande à quelques habitants s'ils savent ce qui s'est passé là. Ils répondent par l'affirmative et admettent que cela ne les dérange pas.

On entend la voix de Georg Renno, qui déclare : « Cela fait si longtemps... Il faut bien un jour tirer un trait. » Il ne fait pas d'autre commentaire, mais lui succède, en musique de fond, un air de flûte – tandis que se profile en ombre chinoise la silhouette d'un joueur de flûte, à une fenêtre du château.

Ce que le film ne dit pas, c'est que Georg Renno a réussi à sauver sa peau grâce à son opiniâtreté, son sang-froid – et sans doute aussi grâce à quelques complicités bien placées tant au sein du milieu médical que judiciaire. Au cours de ses interrogatoires, l'ancien médecin de Hartheim donne des réponses dont la froideur fait frémir. Lorsqu'il reconnaît avoir participé à l'exécution de malades mentaux par gazage, c'est pour répondre au tribunal qui lui demande s'il se sent coupable : « Je considérais l'euthanasie comme un bienfait pour le malade. Je ne pouvais pas imaginer qu'un État puisse édicter une loi contraire au droit. »

Lorsque ses juges lui demandent quels étaient ses sentiments au moment des gazages, Renno avoue n'avoir jamais rien éprouvé d'effroyable, car il était persuadé que, pour ces malades, cette mort était douce et représentait une délivrance. Il ajoute : « Ce qui m'a dérangé dans ces exécutions, c'est que l'on ait exécuté en masse. Il me semble qu'il aurait été mieux de ne faire entrer que deux ou trois personnes à la fois dans les chambres à gaz. De plus, je trouvais le système de douches complètement inutile. »

La fin du film de la télévision autrichienne montre les gens du village fêtant, au pied du château, l'arrivée de la nouvelle année, avec force pétards et feux d'artifice : la page est tournée, la vie et le spectacle continuent, semblent dire ces images. Mais pour moi, le trait n'est pas tiré. Près de dix ans après la mort de mon oncle Georg, son histoire pèse sur la mienne, dans toute son atrocité. Je suis plus que jamais déterminée à ajouter ma pierre, dans la mesure de mes modestes moyens, à l'édifice de ce « devoir de mémoire » qui semble tellement à la mode aujourd'hui...

« ICH FÜHLE MICH NICHT SCHULDIG »

(« JE NE ME SENS PAS COUPABLE »)

En juin 1997, Walter Kohl demande à Georg Renno s'il éprouve des remords, et quelle perception morale il a de ses actes. L'ancien médecin de Hartheim répond : « Je ne voudrais pas classer tout ceci en bien ou en mal. Vous savez, avec l'âge, on ne classe plus les choses de la même manière, et je pense qu'aujourd'hui je me défendrais certainement plus, avant d'arriver à de telles choses. Non pas à cause du bien ou du mal, mais simplement parce qu'à l'époque tout cela n'était pas très clair. Avions-nous raison ou tort ? En médecine, tout change tellement vite. Pour ma part, j'ai la conscience tranquille, je ne me sens pas coupable. Certes, il y a eu des erreurs, mais il n'était pas dans mes intentions de faire quoi que ce soit qui puisse être préjudiciable aux malades. »

Ainsi, ce que Renno a fait à Hartheim n'a que peu d'importance ; pour illustrer son sentiment, il se lance dans une longue tirade philosophico-astronomique sur l'importance de chaque individu au regard de l'immensité de l'espace : « Nous sommes à près de vingt-quatre mille années-lumière du centre de la Voie lactée ; une année-lumière équivaut à environ vingt-trois millions de kilomètres. Dans l'immensité de cet univers, nous ne sommes pas plus importants qu'une bactérie sur une grosse pomme. »

Puis Renno parle de Dieu : « Je n'arrive pas à me l'imaginer, le bon Père avec sa barbe. » Lorsque Kohl lui demande concrètement ce qu'il pense de l'euthanasie aujourd'hui, le vieil homme répond : « Prudence ! Je crois qu'il vaut mieux ne pas toucher à ça. De nos jours, on guérit beaucoup de choses grâce à la chimie. Mais bon, vous savez, j'ai trois filles et je me suis toujours dit que, si l'une des enfants était gravement atteinte, je serais pour... »

À la dernière question de Walter Kohl, il répond : « Pour ma part, j'ai la conscience tranquille ; je ne me sens pas coupable. Ce n'est pas comme si j'avais abattu quelqu'un d'un coup de revolver ou quelque chose de ce genre. Ce n'était pas de la torture ; pour ces malades, c'était plutôt, entre guillemets, une "délivrance". Je pars, réconforté, vers l'éternité. Plus rien ne m'émeut. » Puis il cite un poème de Wilhelm Busch qui décrit le chemin de l'homme, du néant vers le néant, et qui se termine en substance sur ces mots : « Et devant moi s'étend l'éternité. »

Et Renno de conclure cet entretien que Kohl, reprenant les mots mêmes de son interlocuteur, titrera *Ich fühle mich nicht schuldig* : « C'est avec ce sentiment qu'un jour je partirai. Je retournerai à l'éternité d'où je suis venu. Tout le reste n'a pas été. »

L'éternité, et après ?

Le 4 octobre 1997, le Dr Georg Renno s'éteignit paisiblement, entre son jardin, sa musique et ses livres. Quelques semaines avant sa mort, il avait chargé une entreprise de pompes funèbres de Grünstadt de s'occuper de son enterrement. Il donna des instructions qui furent scrupuleusement respectées : à son décès, personne ne devait être prévenu ; ni faire-part, ni annonce dans le journal, ni cérémonie religieuse.

Son corps a été incinéré, et ses cendres inhumées au cimetière de Grünstadt, aux côtés de sa seconde épouse, le 23 octobre 1997. Une dizaine de personnes à peine étaient présentes : ses trois filles, leurs conjoints et leurs enfants. Aucun journal, ni en Allemagne ni en Autriche, n'évoqua la fin de l'ancien médecin de Hartheim.

Ce sont les livres de Walter Kohl qui m'ont appris qui était vraiment mon oncle Georg. L'écrivain lui a posé les questions que je n'ai pas osé aborder avec lui. Aujourd'hui encore, je n'arrive pas à haïr Georg Renno. Je n'ai connu qu'un seul visage de Janus.

L'ancien médecin de Hartheim ne laissait personne indifférent. Même Walter Kohl n'est pas sorti indemne de ses trois jours d'interview avec lui. À la fin de son livre, il exprime ainsi ses sentiments: « J'ai en face de moi un vieil homme, seul, mourant; il paraît tellement fragile et vulnérable que j'ai envie de le prendre dans mes bras pour le protéger. J'ai envie de transmettre mon énergie à ce vieil homme aux cheveux blancs qui a tant de classe, lui rendre ses derniers jours plus agréables et adoucir son passage vers la mort. »

Au terme de ma première journée à Hartheim, je m'étais retrouvée face à cette nouvelle énigme: Walter Kohl m'avait confirmé, ainsi qu'il le mentionne dans son livre, que Renno aurait eu un fils de sa liaison avec Hélène H. Walter avait rencontré cet homme à Linz et lui avait trouvé beaucoup de ressemblance avec mon oncle Georg. J'en convins, sur la foi de photos qu'il m'envoya le 18 mars 2006.

À mon retour de Hartheim, j'ai pu contacter par téléphone celui que Kohl pensait être le fils de Georg Renno – mon possible petit-cousin. Lui-même ne savait pas qui était son géniteur. En 2004, il a envisagé de faire un test d'ADN. À cet effet, je lui fis parvenir des enveloppes que Renno m'avaient envoyées et sur lesquelles il était possible de faire des prélèvements. Après des mois d'hésitation, il entreprit cette démarche en mai 2006. Il finit par me répondre que ces analyses étaient négatives. Sa réaction : « Déception ! Non parce que j'aurais été fier de ce que “mon père” a fait, mais parce qu'aujourd'hui je ne sais toujours pas qui est mon père ! »

Connaîtra-t-il un jour la vérité sur ses origines ? Pour moi aussi, l'aventure se termine : H. H. n'est pas mon lointain cousin. Avons-nous été objectifs, Kohl et moi ? Peut-être espérions-nous, inconsciemment, qu'il soit le fils de Renno ? J'en conviens : c'eût été une belle histoire !

J'ai dit que Georg Renno s'est fait incinérer : serait-ce pour effacer toute trace de son passage et empêcher une éventuelle analyse d'ADN ? On n'en saura jamais rien ; quoi qu'il en soit, ses cendres ont maintenant rejoint celles de ses victimes dans le grand vide où tourne le monde.

Orphée aux enfers

Pourquoi, à Bockenheim ce soir-là, Georg Renno a-t-il éprouvé le besoin d'aborder le sujet des chambres à gaz ? Pourquoi cette tentative morbide pour nier l'évidence même, à savoir l'existence avérée de cette entreprise de mort planifiée à grande échelle ?

Ce sujet délicat, jamais je ne me serais risquée à l'évoquer en premier : je ne me sentais pas le droit de le faire, ni le courage. Je ne voulais pas ternir notre relation ! C'est lui qui a commis « l'erreur » de m'en parler. Cela me rappelle l'histoire d'Orphée dans l'opéra de Glück, que l'oncle Georg et moi avions écouté un autre soir – était-ce par hasard qu'il choisit ce disque ?

Orphée obtient le retour d'Eurydice vers le monde des vivants, à condition qu'il ne se retourne pas pour jeter un coup d'œil à sa bien-aimée avant d'avoir franchi le seuil des enfers. Mais, incapable de résister à la tentation de regarder derrière lui, il perd Eurydice pour toujours. Pourquoi a-t-il fallu que Renno, après tant d'années de dénégation et de silence, choisisse le moment de notre visite pour regarder en arrière dans son passé ? Se sentait-il parvenu à l'heure des bilans ?

Je ne peux qu'en conclure qu'il n'était pas en accord avec lui-même. S'il avait été persuadé d'œuvrer pour le bien des malades, il aurait assumé cette conviction jusqu'au bout – et jamais il n'aurait éprouvé le besoin d'adopter des positions négationnistes. Il était donc conscient de la monstruosité de ses actes. Pour survivre à ça, il devait, en bon psychiatre, occulter ce passé – faute de savoir vivre avec lui. Qu'il ait survécu en trompant son monde alors même qu'il menait un tel combat avec lui-même montre la force de caractère du personnage.

Ou peut-être faut-il y voir un signe de cruauté et d'égoïsme poussés à l'extrême ? Cruauté, parce qu'il n'a jamais exprimé ni sans doute éprouvé le moindre regret ; égoïsme, parce qu'il s'agissait pour lui, avant tout, de sauvegarder son équilibre physique et mental. La personnalité de Georg Renno reste pour moi d'une complexité énigmatique et fascinante. À ce stade de ma réflexion, il n'est plus ni mon oncle Georg ni le criminel Dr Renno, mais un individu beaucoup plus complexe, surgi des lignes brouillées d'une mémoire universelle bien oublieuse.

Son passé demeure pour moi une blessure au cœur, une douleur à l'âme. Je porte le même nom que lui, dans mes veines coule un peu de son sang. Je ne me sens pas coupable de ce qu'il a fait : pas plus que toute la misère du monde, on ne peut porter sur ses épaules la responsabilité des agissements de tous les membres de sa famille. Mais, vu ce que j'ai appris au détour de ma quête généalogique, le devoir m'incombe de dénoncer ces actes et cette impunité. Par respect pour ceux qui laissèrent leur vie là-bas, à Mauthausen, à Hartheim, à Niedernhart, il fallait que je le fasse.

De la même manière, ma quête me laisse face à cette question obsédante : et si, demain, tout recommençait comme en l'an 40 ? Si, demain, un pouvoir fou décidait d'éradiquer toutes les vies qu'il jugerait « improductives » et « inutiles » ? Avec quel horrible zèle la caste des grands commis de l'État, et de nombreux rouages anonymes dans leur ombre, s'empresseraient-ils d'exécuter les directives de ce pouvoir pour asseoir une position, des avantages acquis, ou tout simplement pour obéir aux ordres ? Avec quelle allègre servilité des membres de nomenklaturas managériales se hâteraient-ils d'appliquer, voire de devancer les décrets de ce pouvoir pour faire carrière, ou tout simplement pour accomplir ce qu'on leur demande ? Avec quelle férocité désinhibée se révéleront les Christian Wirth, Rudolf Lonauer, Georg Renno d'aujourd'hui et de demain ?

Et, en dernière analyse, quels critères pourraient autoriser quiconque à définir ce qu'est une vie « improductive » et « inutile » – et à la détruire pour cela ?

Racines en eau trouble

J'étais partie à la recherche de mes racines, et j'ai découvert Georg Renno.

D'où vient ce nom ? Walter Kohl propose une origine : Rheno était un dieu celte. Il s'appelait aussi Reno, Renus ou encore Rhenus ; il était d'abord un fleuve, puis un lieu. Puis Rhenus devint Rhein. Si Renno est effectivement Rhein, c'est-à-dire le Rhin, alors ce nom, qui est aussi le mien, est lourd de symboles... Ce Rhin qui fit frontière entre la France et l'Allemagne, ce Rhin qui sépara les Renno en 1918 fait aujourd'hui lien entre deux pays amis – il me fait découvrir, à moi, l'Alsacienne française, le trouble destin de mon lointain parent, Alsacien allemand, en une époque de ténèbres.

Aujourd'hui, je connais la vérité, et je veux que tout le monde sache. C'est mon devoir. La mémoire des victimes et le respect de leurs familles exigent que je révèle au grand jour le résultat de mes recherches. J'avais la possibilité de me taire et d'enfouir tout cela dans un recoin de ma mémoire. Mais le fardeau était trop lourd, le crime trop envahissant. Je ne pouvais plus garder ce cadavre au placard ni attendre qu'il se momifie – il y a de trop belles momies décoratives, qui renferment autant de mines à retardement... Cette charge explosive léguée par l'oncle Georg menaçait de me déchiqueter. J'ai donc choisi de ramener le personnage à la lumière du jour, afin de le soumettre à unc épreuve de vérité – de le *faire parler*.

Car le doute, chemin faisant, s'est insinué en moi : la foi en notre prochain, supposé raisonnable, est-elle si fondée que cela ? Si j'avais su dès le départ ce qui m'attendait, aurais-je eu l'énergie et pris le risque d'ébranler ainsi la confortable amnésie dans laquelle disparaissaient les traces de l'ancien médecin de Hartheim ? Et aurai-je encore, à présent que je sais, le courage de poursuivre mes innocentes recherches généalogiques ? Ce qui est certain, c'est que j'ai fait reculer le silence et l'oubli ; avec ce livre, « impunité » ne sera pas le dernier mot de l'existence de Georg Renno. Ni la morale de son histoire.

Je ne voulais rien d'autre que tirer le fil infime qui me relie à mes ancêtres, mais j'ai fini par dévider une pelote bien trop lourde à rouler pour moi seule. C'est pourquoi j'ai tenté de la faire tenir dans ce livre écrit d'un sang d'encre. Un livre parti de l'anecdotique intimité familiale, pour atteindre une si tragique universalité qu'il chancelle sous ce poids – et moi avec lui. En enquêtant sur le passé de mon oncle, c'est l'humanité en général que j'ai appris à mieux connaître, dans ses abîmes les plus vertigineux. Ce maudit secret, cette *horreur sans nom* qui me sauta au visage, un beau soir à Bockenheim, j'ai mis longtemps à trouver les mots pour la dire. Mais désormais je sais qu'il est possible, en désignant l'innommable, de surmonter l'irréparable.

ÉPILOGUE

La barbarie ordinaire

Au moment de clore ce livre, je ne peux m'empêcher de penser à tous ces autres membres de ma famille qui, pendant la Seconde Guerre mondiale, ont souffert, lutté – et combattu pour la paix, la liberté et contre l'ignominie.

Je pense en particulier à mon père qui, incorporé de force dans l'armée allemande parce que Alsacien annexé au Reich, s'est battu sur le front russe, endurant la faim, le froid, blessé dans sa chair au point de garder des séquelles toute sa vie, traumatisé psychologiquement au point de continuer à en faire des cauchemars durant des années – et, pour finir, emprisonné par les Américains, qui traitaient eux-mêmes leurs prisonniers avec mépris, voire cruauté... Je l'imagine errant parmi les cadavres gelés sous le ciel de Russie, tâtonnant à la recherche d'une issue dans une immensité enneigée, sans horizon.

Je pense également à mon oncle Bernard Zimmermann, frère aîné de ma mère, entré en Résistance en 1943. Membre des Forces françaises de l'intérieur, il fut l'un de ces résistants de l'ombre dont personne ne parle plus.

Pendant ce temps-là, Georg Renno jouissait d'une vie en première classe, sous les lustres étincelants et les lambris dorés, au rythme des fêtes cruelles d'un régime sanglant qu'il a si bien « servi » – ne disent-ils pas tous *servir*, comme on *se sert* au banquet où l'intérêt général est *desservi* ?

Je pense à tous ceux qui vivent autour de nous, dont un père, une mère, un parent furent jugés comme des êtres « indignes de vivre », et qu'on exécuta pour cette seule raison. Je pense à tous ceux qui, enfants ou jeunes adultes, furent stérilisés. Je pense à tous ceux qui subirent privations et humiliations – et en revinrent marqués au fer rouge, à vie...

Et puis, je pense à tous ceux qui demain pourraient à nouveau subir – et devoir affronter – l'horreur. La vie et la dignité humaines ne semblent toujours pas être considérées à leur juste valeur... Si la vie ne vaut rien, mais si rien ne vaut la vie, comment lui rendre sa valeur – et acquitter la dette collectivement contractée ?

Mon père est mort le 23 août 1976 d'une accumulation de pathologies graves : maladie cardiovasculaire, cancer de la prostate. Il avait cinquante-huit ans.

Ma mère décéda en novembre 2003. Mes relations avec elle n'avaient pas toujours été faciles. Elle avait beaucoup de mal à ouvrir son cœur et ses bras, et nous souffrions de notre incapacité à communiquer. Notre relation, très conventionnelle, manquait singulièrement de chaleur. Elle avait des rapports nettement plus francs avec ma sœur.

Ce n'est que quelques mois après la mort de notre mère que ma sœur me révéla ce que cette dernière lui avait confié huit ans auparavant concernant la blessure de notre père. Il n'avait pas été blessé par un éclat d'obus, ainsi qu'il nous l'avait raconté : il se serait automutilé. En se tirant une balle dans l'avant-bras gauche. Ma mère avait précisé : « Il l'a fait parce qu'il en avait assez de cette guerre. Il voulait être rapatrié, rentrer chez lui, c'est tout. Tu n'en parles à personne ; même pas à Mireille... »

Ma sœur a gardé le secret jusqu'en 2004. Je me suis sentie trompée une fois de plus – et cette fois-ci par ceux-là mêmes qui m'étaient le plus proches... Je m'étais occupée de ma mère jusqu'à sa mort. Je lui avais parlé de mon projet d'écrire ce livre sur l'oncle Georg et son passé. Je lui avais dit aussi que je parlerais de papa, de son incorporation de force, de sa blessure. Pourquoi, à ce moment-là, ne m'avait-elle rien dit ? Pourquoi toutes ces cachotteries, ces secrets, ces mensonges ?

J'imaginais mon père désespéré, à bout de forces, se tirant cette balle dans le bras. S'il s'était fait prendre, il risquait la cour martiale et le peloton d'exécution ! Il aurait pu tout aussi bien se tirer une balle dans la tête... Mais ma mère avait mis notre mémoire familiale sous clé. Ce livre parviendra-t-il à faire jouer la serrure ?

Cette confidence, ma mère la fit à ma sœur dans une période où elle souffrait de sérieux troubles de santé, dont une longue dépression, qui nécessitèrent en 1998 son entrée en maison de retraite. Parfois, elle sombrait dans des crises de paranoïa et tenait des propos incohérents. C'est pourquoi je m'interroge : et si cette histoire d'automutilation n'était qu'un délire de plus ?

Aujourd'hui, plus personne ne peut me répondre, et le doute demeure – avec au fond de moi, dans tous les cas, l'empreinte d'un désespoir : celui de mon père acculé à se mutiler ou celui de ma mère dont l'esprit commençait à chanceler. Comme chancelle tout ce qui nous semblait constituer une civilisation, une humanité – comme se dérobe un horizon.

À dix-neuf ans, en partant travailler en Allemagne, je pensais aller à la rencontre d'une nation de vieille culture : celle de Goethe, des philosophes des Lumières, des poètes et des musiciens romantiques. Et j'ai découvert la face de néant et de haine de ses faiseurs d'ombre. J'ai découvert la déconcertante facilité avec laquelle un pouvoir criminel et absolu a pu se jouer des distraites démocraties assoupies, frivoles et oublieuses de leurs valeurs. Mais aujourd'hui, quelles valeurs sommes-nous encore prêts à défendre ? Qu'avons-nous encore à défendre qui mérite de l'être ?

Soixante ans après, à l'heure où l'on assiste à une montée générale de sentiments nationalistes et antidémocratiques, à l'heure où, des guerres lointaines aux proches banlieues, de l'arbitraire administratif à l'horreur économique, la barbarie se banalise au quotidien, la vision de l'homme que nous renvoient les miroirs du monde semble redoutablement proche de celle qu'en eurent en leur temps un Dr Mengele, un Dr Heim ou un Dr Renno. La question que ceux-là, leurs chefs et leurs complices posèrent alors, loin d'avoir disparu avec eux, est plus que jamais d'actualité : quel est, dans l'obscurité, le visage de l'homme ?

J'aimerais pouvoir garder le souvenir du visage charmant de l'oncle Georg tel que je l'ai connu à la fin de sa vie. Était-ce son vrai visage ? Ou bien n'a-t-il été, jusqu'à son dernier souffle, qu'un froid manipulateur dissimulé derrière le masque de la vieillesse épanouie ?

Cette question se pose d'ailleurs pour bien d'autres que lui. Désormais, il m'est plus difficile d'accorder ma confiance. Que ce soit vis-à-vis de mon entourage proche ou des médiatiques prétendants aux plus hautes fonctions, la circonspection s'impose à moi. Pour ce qui est de nos « élites » politiques, il est permis de se demander dans quelle mesure leur discours de responsabilité s'appuie encore sur un projet collectif ou sur des idéaux. Quand on voit à quoi d'inavouables ambitions personnelles peuvent mener ceux qui prétendent nous gouverner à coup de « tolérance zéro », il est tentant de voir en eux des opportunistes sans cœur, capables de toutes les dérives, à l'image du jeune Dr Renno qui fit allégeance au pire pour profiter du meilleur.

Quoi qu'il en soit, j'ai appris que la possibilité de tels errements existe en chacun de nous. En me confrontant à la face humaine de Renno, par-delà son parcours criminel et l'énigme de ses dénégations, je n'ai pas trouvé matière à l'excuser, mais appel à comprendre et à montrer en quoi son histoire nous concerne tous : car elle pourrait peut-être nous arriver...

Derrière notre maison, entre Eschau et Plobsheim, au sud de Strasbourg, s'étend un terrain de cinquante-deux ares, planté d'arbres fruitiers et de résineux. Du temps où cet endroit appartenait aux parents de Bernard, son père y fit creuser un étang, dans la perspective de sa retraite. Bernard s'y rend tous les jours pour nourrir les poissons et les oiseaux. Au cœur de cet observatoire imprenable sur le règne animal, il a vu des grenouilles coasser de terreur dans la gueule d'une couleuvre et des moineaux piailler à la mort dans les serres d'un faucon. Maintes fois aussi, il a trouvé les lieux saccagés par des passants anonymes.

Aujourd'hui, Bernard et moi avons pour projet de transformer cet arpent de terre en un jardin magique, où faire revivre une multitude de variétés florales et d'arbres fruitiers, afin d'éviter que tant d'espèces rares et précieuses ne disparaissent de nos paysages. Cette idée pourra sans doute passer pour candide ; mais que faire de plus, désormais ? De même que ce livre constitue une victoire sur le silence et la mort, notre jardin magique sera un îlot de résistance à la barbarie ordinaire.

ANNEXES

Le programme T4

Par un décret en date du 18 août 1939, Adolf Hitler demande aux médecins et aux sages-femmes d'effectuer un recensement « scientifique » des maladies congénitales et héréditaires. Dans un premier temps, seuls les enfants de moins de trois ans sont concernés. Les cas dépistés sont éliminés par injection de morphine ou de scopolamine, par administration de luminal – ou bien on laisse mourir les enfants de faim.

Bien vite, cette sélection est étendue aux handicapés adultes.

Au cours de la campagne de Pologne, en septembre 1939, Hitler convoque à son quartier général de Dantzig le Dr Leonardo Conti, responsable des services de santé civils et chef de la Chambre des médecins du Reich, ainsi que Hans Heinrich Lammers, ministre du Reich et chef de la Chancellerie. Il les charge d'approfondir la question de la sélection et de l'élimination des handicapés. Lammers souhaite que ce processus soit accompagné par toutes les garanties légales et réglé par une loi. Hitler confie alors cette mission au Reichsleiter Bouhler et au médecin qui est son adjoint : Karl Brandt.

Ainsi débute le « programme d'euthanasie » baptisé Aktion T4. Son administration est sous le contrôle direct de la Chancellerie du Führer. Ses principaux responsables sont : Philip Bouhler, Reichsleiter de la Chancellerie et SS-Gruppenführer (général de division de la SS), désigné responsable général de l'action T4 ; Karl Brandt, professeur de médecine, médecin d'escorte de Hitler, SS-Gruppenführer, haut commissaire du Reich à la Santé et membre du Conseil de recherches du Reich, désigné responsable en chef de l'action T4 ; Werner Heyde, professeur de médecine, responsable de la mise en œuvre de l'action T4 ; Richard von Hegener, responsable de la Gemeinnützige Krankentransporte

GmbH (Gekrat), société chargée du transport des malades vers les centres d'euthanasie ; August Becker, professeur de médecine et SS-Obersturmbannführer (lieutenant-colonel de la SS), responsable du gazage ; Leonardo Conti, professeur de médecine et secrétaire d'État à la Santé ; Viktor Brack, officier et responsable administratif à la Chancellerie du NSDAP, responsable des services T4 ; Werner Blankenburg, SA-Oberführer (général de la SA).

Peu à peu, Hitler est amené à confirmer par écrit les pouvoirs de mise à mort. En octobre 1939, il rédige sur un papier à en-tête privé un document dénué de toute valeur officielle et antidaté du 1er septembre 1939 – date de l'entrée en guerre – par lequel il mandate Bouhler et Brandt pour élargir le droit de médecins nominalement désignés à décider si, selon eux, après diagnostic sévère, le coup de grâce doit être accordé à des malades incurables.

Par ce procédé – qui reste secret –, les nazis pensent prouver au monde que, en éliminant tout ce qui peut être une charge pour la nation, le Reich deviendra économiquement, militairement et scientifiquement supérieur.

Mais, aux yeux de Hitler, il ne suffit pas d'exterminer les malades mentaux pour purifier la race. Selon la doctrine raciale nazie, les minorités déterminées d'après des critères raciaux – dès 1919, Hitler affirmait qu'il ne fallait pas considérer la communauté juive comme une communauté religieuse, mais comme une communauté raciale – sont des « êtres inférieurs », et donc « indignes de vivre ».

Le premier essai de gazage a lieu en janvier 1940 à l'ancienne prison de Brandenburg. Parmi l'assistance : Brandt, Bouhler, Brack et Conti. L'essai est concluant, et le programme sera dès lors étendu à l'ensemble du Reich et de la Pologne. Six centres d'extermination sont créés : Brandenburg-an-der-Havel, Grafeneck, près de Münsingen, Sonnenstein à Pirna, Bernburg-an-der-Saale, Hadamar et Hartheim, près de Linz. L'exécution de masse est organisée comme un travail à la chaîne ; chacun des exécutants de ce travail de mise à mort considère la tâche qui lui incombe comme un acte économiquement justifié et froidement technique.

Dans *Les historiens allemands relisent la Shoah* (Complexe, 2002), Dominique Vidal cite Peter Longerich dans *Politik der Vernichtung, eine Gesamtdarstellung der NS-Judenverfolgung*: «Les différentes phases du meurtre – signalement des victimes potentielles, expertise préalable, transfert, mise à mort, utilisation et élimination des cadavres – formaient un processus continu, comparable à une chaîne de montage, destiné à éteindre en masse la vie humaine [...]. La décision de tuer et sa mise en œuvre étaient séparées l'une de l'autre par une série d'étapes: le meurtre lui-même, c'est-à-dire le fait d'ouvrir le robinet de gaz, apparaissait, dans l'ensemble du processus, comme un procédé technique secondaire qui se déroulait sans effusion de sang et sans relation entre les assassins et leurs victimes.»

Et Dominique Vidal de conclure: «L'action T4 illustre la capacité du pouvoir à transformer une catégorie a priori rétive, en l'occurrence les médecins, en complices d'un crime monstrueux, par un mélange de routine, de promesses, de pressions et bien sûr de conviction.»

Le 27 juin 1945, la police militaire américaine découvre au château les *Statistiques de Hartheim*: un rapport de 39 pages, établi en 1942, qui chiffre les «économies» réalisées grâce à l'opération T4. Ainsi, les 70273 «désinfections» (dont 18269 ont eu lieu à Hartheim) ont fait «économiser» plus de 885 millions de Reichsmarks en frais de soins. Dans ce *business* de la mort massivement administrée, l'être humain n'est déjà qu'une variable d'ajustement de l'«horreur économique».

Genèse d'un crime organisé

L'« euthanasie » désigne l'aide apportée à un malade incurable : quand celui-ci est promis à une mort certaine, il s'agit de mettre fin à ses jours pour lui éviter de trop souffrir. Mais les nazis détournèrent cette notion de « mort par pitié » au profit de l'eugénisme et d'un darwinisme social prônant l'élimination des plus faibles.

En effet, d'après Darwin, il convient de distinguer les « races supérieures » des « races inférieures »... Son ami Herbert Spencer est allé plus loin en élaborant, avec la notion de « survie du plus apte », les bases du darwinisme social. Francis Galton, cousin de Darwin, inventa quant à lui l'« eugénisme scientifique ». Il dressa une échelle de la valeur des races en prônant son application au genre humain.

Un pas que l'Allemagne nazie franchira allégrement. Dans *Les Chambres à gaz, secret d'État*, Kogon, Langbein et Rückerl décrivent ainsi le « projet raciste de Hitler » :

« La valeur de la vie d'un individu était déterminée par une sorte de balance de profits et pertes de la communauté. Après leur accession au pouvoir, les nationaux-socialistes se mirent à habituer le peuple allemand à l'idée d'une euthanasie ainsi comprise. Des conférences étaient organisées, lors desquelles on posait la question insidieuse : est-il sensé de laisser en vie des malades mentaux improductifs et dont l'entretien est souvent très coûteux ? Dans le manuel scolaire *Lehrbuch der Mathematik für höhere Schulen* de Adolf Borner, on trouve l'exercice suivant : "La construction d'un asile d'aliénés exige six millions de marks. Combien de nouvelles habitations à quinze mille marks pourrait-on construire avec cette somme ?" »

Dès 1925, dans *Mein Kampf,* Hitler évoquait « l'anéantissement des vies qui ne valent pas d'être vécues ». Dans ce livre-programme que beaucoup d'élites européennes négligèrent de lire, celui qui s'apprêtait à entraîner l'Allemagne dans un crépuscule wagnérien y envisageait clairement d'assainir la race allemande en empêchant les « dégénérés » de se reproduire :

« L'État a le devoir de mettre la race au centre de la vie. Il est de sa responsabilité de veiller à la constante pureté de celle-ci. Il a le devoir de considérer l'enfant comme étant le bien le plus précieux d'un peuple. Il est de son devoir de veiller à ce que seuls les individus sains soient en mesure de procréer. Celui qui n'est sain ni de corps ni d'esprit n'a pas le droit de transmettre son mal à son enfant. [...] Toutes les grandes civilisations passées ont disparu parce que la race originelle et fondatrice a dépéri par empoisonnement de son sang. »

Dans un premier temps, il fallait empêcher les « sous-hommes » de se reproduire. Les nazis commencèrent ainsi par stériliser de force les malades mentaux, les homosexuels, etc.

Le Dr Robert Levy, chirurgien strasbourgeois qui m'opéra de l'appendicite en 1968, avait été prisonnier à Birkenau. Il y avait soigné nombre de ses compagnons d'infortune, dont certains venaient de subir la stérilisation aux rayons X. Appelé à témoigner au procès de Nuremberg, il eut à répondre à la question suivante : « Pourquoi les nazis castraient-ils les hommes déjà stérilisés ? » D'après lui, les médecins nazis prélevaient les testicules afin de les examiner au microscope et de vérifier le résultat du « traitement » aux rayons X.

Bien vite, les nazis mirent en place un système plus radical : l'élimination pure et simple des êtres jugés « indignes de vivre ». Mais, en 1935, Hitler estima que mieux valait pour cela attendre... la guerre ! Redoutant les réactions hostiles tant de la population allemande que de l'étranger, il estimait que, « lorsque l'attention du monde entier se porte[rait] sur les opérations militaires, et lorsque la valeur de la vie humaine pèse[rait] de toute façon moins lourd », il serait plus facile de « libérer le peuple de la charge des malades mentaux ».

En 1935 toujours, le Dr Gürtner, ministre de la Justice du Führer, publia, en collaboration avec des juristes et des professeurs de médecine, un code pénal condamnant formellement le recours à l'euthanasie. Cependant, selon les termes de ce code, le médecin était autorisé à ne pas prolonger inutilement une vie déjà condamnée. Il lui était reconnu la liberté de commuer une agonie interminable en paix éternelle. En 1939, Gürtner était toujours titulaire de son portefeuille ministériel. Pourtant, il ne fut averti du décret de Hitler autorisant l'euthanasie que le 27 octobre 1940, après que les premières exterminations eurent débuté.

La très brève histoire du « patient zéro »

Kristina et Hans K. sont pauvres et honnêtes, de surcroît. Ils travaillent dur pour se faire une existence décente. Hans est employé à la scierie, Kristina attend un enfant, et le Führer veille sur eux et sur le pays. La vie est belle, avec quelques idées simples et des certitudes. Ils font des projets pour l'enfant à venir : il ne sera pas ouvrier comme son père, mais soldat du Reich. Mais, lorsque la sage-femme appelle Hans auprès de Kristina qui vient d'accoucher, elle n'ose pas le regarder dans les yeux. Hans craint le pire. Lequel s'avère certain ! L'enfant est né aveugle, il lui manque l'avant-bras gauche et sa jambe est mal formée.

Les pauvres parents l'élèvent du mieux qu'ils peuvent. Mais, un malheur n'arrivant jamais seul, il leur apparaît de plus en plus clairement que l'enfant est par-dessus le marché handicapé mental.

– Que va-t-il devenir ? s'alarme Kristina. Jamais il n'aura rien d'humain.

– Sa vie ne sera que néant pour lui et souffrance pour nous, admet Hans.

Le frère de Hans, qui est membre du parti national-socialiste, leur conseille d'écrire à Hitler :

– Le Führer comprend le peuple allemand comme personne. Il comprendra votre souffrance. Écrivez-lui, vous serez surpris...

Aussitôt dit, aussitôt fait : Hans écrit donc une longue lettre confiante où il demande au chef de l'État la permission d'aider leur fils à mourir, afin d'« abréger ses souffrances ». Par une chaude après-midi du dernier été d'avant-guerre, Kristina et Hans voient arriver chez eux la haute silhouette altière d'un notable. Le visiteur est jeune, blond, impressionnant de distinction et d'élégance. D'une voix douce, il leur explique la raison de sa venue :

– Je suis le Dr Karl Brandt, médecin d'escorte du Führer. Le Führer a pris très à cœur le cas de votre fils.

– Nous avons mis toute notre confiance dans le Führer, qui tient la destinée de notre famille entre ses mains. Maintenant, nous savons que cette confiance est bien placée...

– Le Führer tient à se pencher sur le problème des êtres sans avenir, de ceux dont la vie n'a pas de valeur... Il accorde la mort de grâce à votre fils. Plus tard, vous pourrez avoir d'autres enfants, beaux et sains, dont le Reich pourra être fier. Mais cet enfant n'a aucun avenir. L'idée qu'il puisse être inutile à lui-même et au pays est lourde à porter, vous comprenez ? L'Allemagne est à construire et toutes les énergies sont indispensables.

Les époux K. remercient avec gratitude ce visiteur si convaincant.

Puis Karl Brandt rend visite au professeur Catel, qui dirige la clinique pour enfants de l'université de Leipzig. Quelques jours plus tard, ce dernier explique aux K. que leur enfant ne pourra jamais être normal et qu'il ne doit par conséquent plus vivre. Il faut le « piquer ».

Ainsi est donné au maître du IIIe Reich le prétexte de ce qui va devenir un programme d'extermination de masse.

Karl Brandt, d'Albert Schweitzer à Adolf Hitler

Karl Brandt est né à Mulhouse le 8 janvier 1904, dans une famille de médecins. En 1919, sa famille est expulsée d'Alsace – comme celle de Georg Renno. Karl a quinze ans et vient juste de finir ses études secondaires. L'Alsace aura été sa terre le temps d'une enfance sous le Reich – celui de l'empereur Guillaume.

Il étudie la médecine à Munich sous la direction du professeur Sauerbruch. Un homme le fascine alors : le Dr Albert Schweitzer, un Alsacien comme lui. Il envisage de le rejoindre à Lambaréné pour soigner les pestiférés de là-bas. Le bon Dr Schweitzer est d'accord. Mais pas les autorités françaises. Elles demandent au jeune Brandt de faire son service militaire sous les drapeaux français et de prendre la nationalité française !

– Eh bien, enrage le jeune médecin, si je ne peux pas mettre ma science, mon dévouement et mon énergie au service des pestiférés de Lambaréné, je les mettrai au service des pestiférés de l'Allemagne !

En 1932, il devient membre de la Ligue nationale-socialiste des médecins. Il met toutefois une condition à son adhésion : celle de « n'exercer aucune activité ni dans la SS ni dans la SA ».

Le 10 juin 1933, le convoi de longues Mercedes noires laquées du Führer fonce à tombeau ouvert à travers la belle campagne allemande. Adolf Hitler et sa suite viennent de quitter le nid d'aigle de Berchtesgaden pour Berlin. La nièce de Hitler, Gelli, est montée avec ses amis dans la deuxième voiture, conduite par l'aide de camp du Führer : William Brüchner.

Deux officiers d'état-major suivent le cortège dans le troisième véhicule, accompagnés de Karl Brandt et de sa fiancée,

Annie Rebhorn. La jeune fille a remporté le titre de championne de natation en 1932. Ayant gagné l'amitié du Führer, qui l'admire pour sa beauté et sa force de caractère, elle a insisté auprès de son fiancé, alors jeune assistant de chirurgie à Bochum, pour le présenter au maître du Reich.

Soudain, à la sortie de Reit-im-Winkel, la voiture de Brüchner dérape et bascule dans le fossé. Un pneu vient d'éclater. La jeune femme n'est que légèrement blessée, mais l'aide de camp du Führer est plus grièvement atteint. Karl Brandt l'opère à l'hôpital le plus proche, celui du bourg de Traunstein. Au terme de deux heures et demie d'intervention, il sort épuisé du bloc opératoire. Brüchner est sauvé. Le Führer l'attend :

– Dr Brandt, je vous félicite. Vous venez de donner le parfait exemple d'une efficacité maximale et d'une totale maîtrise de vous-même... Désormais, je tiens à vous avoir à mes côtés à chacun de mes déplacements. Voulez-vous être mon médecin d'escorte ?

Un tel honneur ne se refuse pas. C'est ainsi qu'Adolf Hitler devient, après Albert Schweitzer, le deuxième grand homme dans la vie de Karl Brandt. Entre le médecin des oubliés et le futur exterminateur des faibles, le jeune médecin vient de sceller son destin. À vingt-neuf ans, il a trouvé un guide, un modèle et un credo.

Les assassins sont parmi nous

Avant l'arrivée des Américains, Lonauer se retire à Lining, sur le territoire de la commune de Neuhofen, avec sa femme et ses fillettes Rosemarie et Petra, qui ont respectivement six et deux ans. Lonauer sait que le régime nazi, qu'il a si bien servi, vit ses derniers jours, et qu'il devra rendre des comptes au monde entier. À trente-huit ans, sa vie est derrière lui. Tous les dignitaires du Reich se sont suicidés, ou bien sont tombés entre les mains des Alliés et devront répondre de leurs actes...

Dans la nuit du 4 au 5 mai 1945, il empoisonne sa femme et ses deux filles, avant de se suicider. Avec le même poison que celui qu'il a utilisé sur des milliers d'êtres humains à Niedernhart. Le 5 mai, les quatre corps sont inhumés en toute discrétion au cimetière de Neuhofen, et les biens de la famille confisqués par la gendarmerie. Une histoire pleine de bruit et de terreur se clôt avec les dernières pelletées de terre sur ces quatre dépouilles. Mais le cadavre du régime nazi n'en finit pas de remuer dans sa tombe.

Ainsi, le 19 mai 1945, le Reichsleiter Philip Bouhler, responsable général de l'action T4, se suicide au quartier général de Goering. Le même jour, le professeur Leonardo Conti, secrétaire d'État à la Santé, est arrêté à Flensburg. Emprisonné à Nuremberg, il se donne la mort avant son procès.

Le 20 août 1947, le Dr Karl Brandt, médecin d'escorte d'Adolf Hitler et premier responsable de l'opération T4, est condamné à mort par un tribunal militaire. Il réclame le privilège de mourir au cours d'une expérience médicale. Les autorités américaines lui refusent cette ultime requête. Il est exécuté le 2 juin 1948, tout comme Viktor Brack, responsable des services T4, condamné à mort par le tribunal de Nuremberg.

Werner Heyde, responsable de la mise en œuvre de l'action T4, est arrêté par les Américains en 1945. Il s'évade en juillet 1947 et pratique la médecine au Schleswig-Holstein sous le nom de Sawade de 1949 à 1959. À nouveau arrêté en 1959, il se suicide dans sa cellule en 1964.

Mais tous n'ont pas été retrouvés, ni jugés pour le rôle qu'ils jouèrent dans la machine de mort nazie. Dans son livre *Was sie taten, was sie wurden* («Ce qu'ils firent, ce qu'ils devinrent»), Ernst Klee répertorie des dizaines de médecins, professeurs, avocats, juges et même ecclésiastiques, qui – soit acteurs, soit complices – passèrent à travers les mailles de la justice grâce à des complicités et occupèrent des positions élevées après la guerre. D'autres encore purent fuir à l'étranger, ou furent condamnés mais libérés avant d'avoir purgé toute leur peine ou ne la purgèrent jamais.

Ainsi du psychiatre Heinrich Gross, qui remplaça le directeur de la clinique du Spiegelgrund durant l'été 1944. Gross, accusé de complicité de meurtres d'enfants handicapés dans le cadre du programme d'euthanasie, voit son procès ajourné en mars 2000, en raison de son état de santé. Le directeur de la clinique a été condamné à mort et exécuté après la guerre. Mais Gross a vécu tranquillement en Autriche, sans être inquiété ni poursuivi, jusqu'à un âge fort avancé...

De son côté, Herbert Heim (que les journaux français prénomment Aribert), le «boucher de Mauthausen», est brièvement arrêté par les Américains en 1945. Rendu à la vie civile, il vit paisiblement jusqu'en 1962 à Baden-Nauheim, où il s'est installé comme gynécologue. Alors que la police allemande s'intéresse à son passé, il lui échappe de justesse et entame une cavale de quarante-quatre années qui le mène en Égypte, au Danemark, au Brésil, en Uruguay et enfin en Espagne. En 2001, les autorités allemandes décèlent un mouvement d'argent à son nom, ce qui relance la chasse à l'homme. Aux dernières nouvelles, celui qui est considéré comme l'un des derniers grands criminels de guerre aurait été localisé sur la Costa Brava.

Les autres employés trouvèrent commode d'imputer au seul Christian Wirth, dit «le Féroce», abattu par des partisans le 25 mai 1944, la responsabilité de leurs actes à Hartheim.

Hélène H., ancienne secrétaire en chef des services administratifs de Hartheim, mourut en 1990 à son domicile, quasi octogénaire, des suites d'une explosion due au gaz.

Ainsi, l'impunité de Georg Renno n'est malheureusement pas un cas unique. Certains des bourreaux sont toujours parmi nous, et ils ont parfois l'aspect avenant d'un grand-père au visage digne et grave...

Et puis, qui sait si, sous les traits lisses et les mâchoires de prédateurs de certains de nos décideurs et autres gestionnaires, ne pourraient pas germer d'autres plans d'extermination de vies « inutiles » ou « improductives », compte tenu par exemple du crucial « problème des retraites », du fameux « trou de la Sécurité sociale » ou du chômage de masse ?

Par ailleurs, notre époque se passionne pour les crimes « extraordinaires » de *serial killers* et autres monstres complaisamment mis en scène par les médias. Nombre de « divertissements » – films, jeux vidéo, romans, séries télévisées, etc. – franchissent régulièrement de nouveaux seuils dans l'horreur antihumaniste.

Chaque jour, de nouvelles exactions sont à mettre sur le compte de la négation de la victime – dont les blessures béantes et les mutilations servent avant tout à « vendre » des images. Le tout accompagné de plaisanteries de carabins dont la crudité n'a rien à envier à celles dont le personnel de Hartheim s'échangeait, au bar du château, la sanglante monnaie de singe...

Aujourd'hui, par leur poursuite sans pitié d'intérêts particuliers, certaines élites ne travaillent-elles pas à la négation de ce qui permit au fil des siècles d'édifier ce qu'il convient d'appeler une « civilisation » ? Car quel est l'objet de toute civilisation, si ce n'est de faire pousser la fleur fragile d'une espérance collective (adossée au respect de la dignité de chacun) sur le fumier et l'ordure ? Serait-ce que le fumier exhale à nouveau ses miasmes – à l'instar de la cheminée du château de Hartheim crachant sa fumée de mort ?

Georg Renno
1907-1997

13 janvier 1907 – Georg Renno naît à Strasbourg de Siegmund Renno et Victoria Metzinger.

1919 – La famille doit quitter l'Alsace pour l'Allemagne.

1926 – Georg Renno passe son bac à Ludwigshafen et commence ses études de médecine à Heidelberg.

1er août 1930 – Il adhère au parti nazi.

1931 – Devient membre de la musique militaire des SS.

1933 – Doctorat en médecine et premier poste de médecin à Scheidegg.

1934 – Épouse Margarete Kinck, médecin.

1935 – Décès de son père, Siegmund Renno.

1937 – Naissance de sa première fille.

1939 – Naissance de sa deuxième fille.

Mars 1940 – Nitsche propose Renno à l'action T4.

6 mai 1940 – Renno arrive au château de Hartheim.

1940 – Naissance de sa troisième fille.

Printemps 1941 – Participe au tournage du film de propagande *Dasein ohne Leben*.

24 août 1941 – Arrêt officiel de l'action T4.

1942 – Renno soigne sa tuberculose à Leipzig, Sankt-Blasien et Davos.

1943 – Retour à Hartheim.

20 avril 1943 – Renno est promu SS-Obersturmführer (lieutenant de la SS).

Septembre 1943 – Lonauer est incorporé dans la Wehrmacht ; Renno le remplace.

Novembre 1944 – Retour de Lonauer ; Renno et sa famille s'installent dans la maison de repos de l'action T4 au bord du lac Attersee.

Décembre 1944 et janvier 1945 – Démantèlement des installations du château de Hartheim.

Février 1945 – Nouvelle cure à Davos et retour au lac Attersee jusqu'à la fin de la guerre.

5 mai 1945 – Suicide de Lonauer.

Juillet 1945 – Renno falsifie ses papiers d'identité ; séjour à Aschaffenburg puis arrivée à Bockenheim, où il vivra jusqu'à sa mort en 1997.

1945-1946 – Remplace un médecin prisonnier de guerre ; les époux Renno se séparent, et les enfants sont placés chez des membres de la famille.

1948 – Entre au laboratoire pharmaceutique Schering, où il terminera sa carrière de conseiller scientifique.

Janvier 1955 – Renno reprend sa véritable identité.

1955 – Divorce des époux Renno.

1957 – Décès de sa mère, Victoria.

1958 – Épouse Hélène Michel.

25 octobre 1961 – Renno est arrêté.

Octobre 1961 à janvier 1962 – Détention préventive à Francfort.

1961-1969 – Différents interrogatoires.

20 août 1969 – Début du procès.

1970 – Renno prend sa retraite.

19 décembre 1975 – Après plusieurs expertises, les poursuites contre Renno sont définitivement abandonnées ; Renno est considéré comme inapte à comparaître en raison de son état de santé.

4 octobre 1997 – Décès de Georg Renno à l'hôpital de Neustadt.

23 octobre 1997 – Inhumation de ses cendres au cimetière de Grünstadt.

Bibliographie

AYÇOBERRY Pierre, *La Société allemande sous le IIIe Reich*, Seuil, 1998.

AZIZ Philippe, *Les Médecins de la mort*, Famot, Genève, 1975.

BAUMGARTNER Andreas, *Die vergessenen Frauen von Mauthausen*, Verlag VÖ, 1997.

BÉDARIDA François, *La Politique nazie d'extermination*, Albin Michel, 1989.

BERNADAC Christian, *Les Médecins maudits*, France-Empire, 1967.

DAIX Pierre, *Bréviaire pour Mauthausen*, Gallimard, 2005.

DREYFUS François-Georges, *Le IIIe Reich*, De Fallois, 1998.

HITLER Adolf, *Mein Kampf*, Eher Verlag, 1925.

HORWITZ Gordon J., *Mauthausen, ville d'Autriche 1938-1945*, Seuil, 1992.

KLEE, Ernst, *Was sie taten, was sie wurden*, Fischer Verlag, 1986.

–, *Auschwitz, die NS-Medizin und ihre Opfer*, Fischer Verlag, 1997.

KOGON Eugen, LANGBEIN Hermann, RÜCKERT Adalbert, *Les Chambres à gaz, secret d'État*, Minuit, 1984.

KOHL Walter, *Die Pyramiden von Hartheim*, Geschichte der Heimat, 1997.

–, *Ich fühle mich nicht schuldig*, Steidl, 2000.

MARSALEK Hans, *Die Geschichte des Konzentrationslager Mauthausen*, Österreichische Lagergemeinschaft Mauthausen, 1995.

NEUGEBAUER Dr Wolfgang, document d'information du Château de Hartheim, Verein Schloss Hartheim, 1998.

NEUHAUSER Johannes, PFAFFENWIMMER Michaela, *Hartheim. Wohin unbekannt*, PN° 1, Bibliothek der Provinz, 1992.

POLIAKOV Léon, *Bréviaire de la haine. Le IIIe Reich et les Juifs*, Calmann-Lévy, 1951.

SERENY Gitta, *Au fond des ténèbres*, Denoël, 1975.

STEINERT Marlis, *Hitler*, Fayard, 1991.

VIDAL Dominique, *Les historiens allemands relisent la Shoah*, Complexe, 2002.

Wert des Lebens (catalogue de l'exposition), Institut für Gesellschaft- und Sozialpolitik an der Johannes-Kepler Universität Linz, Trauner Verlag, 2003.

Document audiovisuel

GRUBER A., HUMER E., NEUHAUSER J., *Sterben und Leben im Schloss*, ORF, 1988.

Table

PREMIÈRE PARTIE - DES RACINES ENFOUIES

SECONDE PARTIE - RETOUR À HARTHEIM

ANNEXES

Impression et finition
Saint-Paul Imprimeur
55000 Bar le Duc
Dépôt légal : août 2006
N° 08-06-0770